MAINTENANT VOUS SAVEZ

Un condensé de culture gé pour briller en société

ISBN : 978-2-412-07711-5
Dépôt légal : janvier 2022
Imprimé en France par imprimerie de Champagne

Couverture : Bertone studio
Mise en pages : Studio Blick
Correction : Anne-Lise Martin
Adaptation : Gwendal Fossois
Directrice éditoriale Bababam : Pauline Hayoun
Illustrations intérieures : © iStock

Auteur·es des épisodes :
Johanna Cincinatis : p.6, 8, 30, 34, 66, 70, 116, 168
Jonathan Aupart : p.52, 58, 62, 72, 92, 132, 142, 152, 172, 182, 192, 202, 212
Pauline Weiss : p.10, 18, 38, 54, 64, 76, 78, 90, 104, 120, 128, 154, 174, 184, 188, 196
Quentin Tenaud : p.14, 26, 28, 46, 48, 50, 56, 60, 68, 84, 86, 88, 94, 96, 98, 100, 106, 108, 126, 130, 134, 136, 138, 148, 156, 176, 178, 180, 186, 194, 198, 200, 206, 208, 210, 216, 218
Thomas Deseur : p.12, 22, 32, 42, 82, 102, 112, 122, 162
Zineb Soulaimani : p.16, 20, 24, 36, 40, 44, 74, 80, 110, 114, 118, 124, 140, 144, 146, 150, 158, 160, 164, 166, 170, 190, 204, 214, 220

Éditions First, un département d'Édi8
92, avenue de France
75013 Paris – France
Tél. : 01 44 16 09 00
Fax : 01 44 16 09 01
E-mail : firstinfo@efirst.com
Site Internet : www.editionsfirst.fr

BABABAM

MAINTENANT VOUS SAVEZ

Un condensé de culture gé pour briller en société

FIRST ÉDITIONS

« MAINTENANT VOUS SAVEZ » EST UN DES PODCASTS STARS DU STUDIO BABABAM

Lancé en 2019, il cumule en 2022 près de 10 millions d'écoutes, ce qui en fait un des podcasts natifs les plus écoutés en France. Son concept ? Nous donner en moins de trois minutes les clés essentielles pour comprendre ce qui se cache derrière une notion, un sigle, une tendance.

Quelle est la définition de ce nouveau mot à la une de l'actualité ? Quels sont les phénomènes et les débats qui agitent notre société ? Quels sont les nouveaux concepts écologiques ou technologiques qu'il faut connaître ? Quels films, livres, œuvres d'art sont devenus des références incontournables ?

VOUS LES CONNAISSEZ SÛREMENT… MAIS… EST-CE QUE VOUS SAVEZ ?

Le podcast « Maintenant vous savez » est aujourd'hui disponible en livre sur le même concept. Un livre que l'on feuillette pour se divertir ; un mot sur lequel on s'arrête pour se cultiver.

Alors que les livres ont été une source d'inspiration pour de nombreux podcasts, dont certains épisodes de « Maintenant vous savez », on est heureux aujourd'hui de constater que l'inverse fonctionne aussi. Vous retrouverez quelques-uns des meilleurs épisodes du podcast dans ce livre, et un tour d'horizon de tout ce qu'il faut absolument savoir sur les grands sujets de notre actualité autour de cinq thématiques : société, culture, environnement, nouvelles technologies et santé-bien-être.

L'occasion de faire ou refaire le point sur les mots qui ont marqué notre monde ces dernières années !

L'ÉQUIPE BABABAM

SOCIÉTÉ

LA DÉSÉROTISATION

Il est partout : dans la publicité, les séries, la littérature… Le sexe n'est plus un tabou dans nos sociétés ultralibéralistes. La révolution sexuelle semble derrière nous, pour les couples hétérosexuels tout au moins, et quant à la possibilité d'expression du désir féminin également. Pourtant, d'après les statistiques, nous aurions de moins en moins de rapports érotiques : le sexe est omniprésent mais le désir s'en va. Selon une étude de l'Institut Général Society en 2019, un jeune Américain sur quatre de 18 à 29 ans n'aurait eu aucune relation sexuelle l'année qui précédait. C'est trois fois moins qu'en 2018 !

MOINS DE SEXE, PLUS D'INDÉPENDANCE ?

Janine Mossuz-Lavau, politologue et sociologue, s'est intéressée au sujet. Dans *La Vie sexuelle en France*[1], elle dresse un état des lieux de la sexualité dans l'Hexagone pour tenter de comprendre ce qui a pu changer. Selon elle, nous faisons moins l'amour car nous avons gagné en indépendance. Finie l'injonction au soi-disant *devoir conjugal* : nous refusons davantage de rapports parce que nous assumons de plus en plus ne pas en avoir envie. Mais cette explication n'est pas la seule.

En effet, d'autres spécialistes invoquent également la présence accrue de la pornographie comme raison de ce renoncement sexuel chez certains adolescents. En devenant un produit strictement commercial marqué par un formatage fort et caricatural de la relation sexuelle, ce type de film influe sur le désir du téléspectateur et réduit d'autant le plaisir durant l'acte lui-même. Concrètement, regarder trop de porno réduirait l'envie de sexe. Mais le phénomène de désérotisation ne touche pas que les jeunes, il est plus global.

PAPA ET MAMAN NE FONT PLUS L'AMOUR

La désérotisation est aussi liée au syndrome du nid vide : les parents qui voient leurs enfants quitter le foyer peuvent en souffrir. Selon le psychiatre Robert Neuburger[2], la relation parent-enfant se substitue à la relation affective et érotique que les parents entretenaient.

Dans ce cas, nous constituons en fait une maison-couple où priment la solidarité et l'entraide. Cette dimension prend alors le pas sur le désir. La familialisation du couple, c'est-à-dire la construction d'une unité « famille », l'emporte sur l'aspect érotique et influe aussi sur le regard porté à l'autre. On a un peu l'impression de vivre avec son frère ou sa sœur.

1 Éditions de La Martinière, 2018
2 *On arrête ? On continue ? Faire un bilan de son couple*, Robert Neuburger, Éditions Payot, 2017

L'ÉROTISME À L'ÉPREUVE DU COUPLE

Cela ne concerne pas uniquement les «vieux couples». En effet, d'après les travaux du psychiatre Bernard Geberowicz[3], un couple sur quatre se sépare après l'arrivée du premier bébé.

Mais pourquoi ? Les femmes interviewées sont unanimes : la charge mentale y est pour beaucoup. Elles sont fatiguées d'assumer le plus gros du boulot à la maison. L'ampleur du travail est telle qu'elle laisse peu de place à la spontanéité dans le couple. C'est sans compter l'importance de la relation biologique mère-enfant, qui peut parfois créer un fossé et de la distance entre les parents.

VOILÀ CE QU'EST LA DÉSÉROTISATION !

3 *Le Baby-clash, le couple face à l'arrivée de l'enfant*, Bernard Geberowicz et Colette Barroux-Chabanol, Éditions Albin Michel, 2014

ENVIRONNEMENT

LA TINY HOUSE

Vous en avez peut-être aperçu dans un jardin, à l'orée d'un bois ou sur un parking en pleine campagne : les Tiny Houses, ce sont ces micromaisons, sur roulettes ou sur remorque, qui poussent comme des champignons depuis plusieurs années. La multiplication de ces tout petits logements correspond à un nouveau mouvement social et architectural qui prône le retour volontaire à la simplicité par l'habitation.

LA CRISE AMÉRICAINE DE L'HABITAT

La révolution des Tiny Houses aurait vu le jour aux États-Unis dans les années 1970. Une trentaine d'années plus tard, le concept est popularisé grâce au travail de l'architecte anglo-américaine Sarah Susanka, autrice de l'ouvrage *The Not so Big House*[4], «La maison pas si grande».

Deux événements très spécifiques aux États-Unis expliqueraient l'engouement pour ces toutes petites maisons. Au début des années 2000, le passage de l'ouragan Katrina cause de nombreux dégâts outre-Atlantique. Il faut reconstruire vite et en grande quantité afin de loger les sinistrés le plus rapidement possible. Les autorités développent alors des unités d'habitation familiale composées du plus strict minimum.

En 2008, la crise financière provoque également des difficultés liées à l'habitat. De nombreux Américains à qui l'on avait offert des crédits hypothécaires impossibles à rembourser perdent tout du jour au lendemain, et en particulier leur maison.

LA PHILOSOPHIE DU NOMADE

D'un concept d'urgence naît une nouvelle philosophie de vie. Habiter dans 15 à 20 mètres carrés devient une règle. Oubliez les chambres de bonne sous les toits parisiens ; le minimalisme devient un choix, voire un privilège. Et en France, la première Tiny House voit le jour en 2013, grâce à Bruno Thiéry, charpentier de métier. Sept ans plus tard, 100 maisons sont déjà sorties de son atelier.

Mais concrètement, quel avantage y a-t-il à vivre dans une si petite habitation ? Les Tiny Houses permettent d'être nomade. La maison peut en effet être facilement déplacée au gré des voyages de son propriétaire. Et les aficionados ne font qu'augmenter, stimulés par une prise de conscience lors de crises de grande ampleur comme celle du coronavirus. On a désormais envie de quitter les villes pour connaître une vie moins figée et plus en lien avec la nature.

4 *The Not so Big House*, Sarah Susanka, Éditions Taunton, 2008

UNE TINY HOUSE, EST-CE ACCESSIBLE ?

Malgré leur taille, les micro-maisons ne sont pas forcément à la portée de tous. Dans l'atelier de Bruno Thiéry, par exemple, une Tiny House est facturée 60 000 euros. De plus, ce n'est pas une décision à prendre à la légère : pour franchir le pas, il faut s'y prendre à l'avance, tant les entreprises spécialisées dans la construction sont débordées. Ensuite, étant donné la surface de l'habitat, il faut faire un sacré tri dans ses affaires pour se débarrasser de tout ce qui ne rentrera pas dans un 10 ou 20 mètres carrés.

L'autre hic, avec la micro-maison, c'est la légalité. Ou plutôt l'illégalité. Car nous n'avons pas le droit de nous installer n'importe où. La législation est majoritairement tournée vers l'habitat en dur. Outre les questions de sécurité liées à sa construction, il faut aussi répondre à celles que soulève son emplacement : louer ou acheter un terrain n'est pas donné de fait pour chacun d'entre nous. Il existe néanmoins des résidences vouées à accueillir des Tiny Houses : c'est par exemple le cas en Bretagne, dans la région de Saint-Brieuc. Et la création de la Fédération de l'habitat réversible, depuis 2020, ouvre de nouvelles perspectives pour l'avenir de ces toutes petites maisons.

VOILÀ CE QU'EST UNE TINY HOUSE !

SANTÉ

LA CHARGE MATERNELLE

On connaît la charge mentale qui pèse tout particulièrement sur les femmes. Mais un autre terme est popularisé depuis 2020 par la journaliste féministe Fiona Schmidt dans son livre[5] croisant sociologie et témoignages, celui de la charge maternelle. L'autrice la définit de la manière suivante : « C'est la somme des préjugés intégrés dès l'enfance qui présente la maternité désirée, radieuse et bienveillante comme la norme, une part non négociable de l'identité féminine, et un seul projet de vie qui vaille. »

CONCERNE-T-ELLE TOUTES LES FEMMES ?

Dans une interview donnée au *Huffington Post*, Fiona Schmidt explique que le but de ce livre n'est pas de parler de ce qui divise les femmes, mais de ce qui les rassemble. Parmi les femmes auxquelles elle dédie son ouvrage, il y a «celles qui n'ont pas d'enfant, celles qui en ont un, deux, dix», «celles qui veulent être mères, celles qui ne le veulent pas, et celles qui ne le savent pas encore», etc. Cette charge maternelle est intégrée dès l'enfance par toutes les femmes, mais elle se vit différemment pour chacune.

Dans cette même interview, elle avance que la charge maternelle et ses conséquences ont longtemps été banalisées. D'ailleurs, parmi les témoignages de femmes recueillis, elle note toujours trois similitudes : les femmes expriment de la gratitude, du soulagement, et s'excusent du contenu ou de la longueur de leur message envoyé à l'autrice.

ALORS, C'EST POUR QUAND ?

La société estime que c'est normal si les femmes sont fatiguées parce qu'elles doivent s'occuper des enfants, mais aussi qu'il est normal de leur demander pourquoi elles n'ont toujours pas d'enfant alors qu'elles ont passé la trentaine.

Oui, la non-maternité et les difficultés à enfanter sont encore des sujets tabous ! On ne communique pas ses doutes, ses problèmes, et on garde tout pour soi. Résultat : ces situations peuvent aboutir à une solitude et à un isolement.

La journaliste n'a, elle, jamais caché son souhait de ne pas vouloir d'enfant. Elle doit faire face depuis toujours à des questions insistantes et a décidé de ne plus les laisser passer. Elle s'explique dans cette interview pour *Konbini News* : «**Je ne veux pas d'enfant. Je n'en ai jamais voulu. Je n'en voudrai jamais. Ça a toujours posé un problème depuis mon enfance à tout le monde, sauf à mes parents. Mais sinon pour mes collègues, pour mes profs, pour mes petits amis aussi… Parce qu'en fait, toutes les femmes sont socialisées**

5 *Lâchez-nous l'utérus ! En finir avec la charge mentale*, Éditions Hachette, 2020

autour de la maternité. Encore aujourd'hui, c'est la première question qu'on me pose.»

Et les réseaux sociaux n'ont rien arrangé. Les «super mamans» publient des photos de leurs enfants, les mettent en scène et affichent un bonheur parfait. Même si cette vitrine peut être bien éloignée de la réalité, elle peut culpabiliser d'autres femmes qui vont, assez naturellement, se comparer aux «modèles» exposés en ligne.

PEUT-ON LA METTRE À DISTANCE ?

Avant la sortie du livre, Fiona Schmidt a lancé un compte Instagram, nommé @bordel.de.meres. C'est là qu'elle a recueilli les témoignages de nombreuses femmes. Toujours actif, il relaie des articles, études ou témoignages relatifs au sujet. Un geste sororal qui permet à toutes les femmes de comprendre qu'elles ne sont pas les seules à vivre avec une charge maternelle quotidienne. Parmi les solutions évoquées, elle propose aux hommes de prendre le relais et de jouer leur rôle alors que le partage des tâches liées à la parentalité reste genré et inégalitaire.

VOILÀ CE QU'EST LA CHARGE MATERNELLE !

CULTURE

HOLLYWOOD

Dès que nous parlons de cinéma américain, nous employons souvent le nom « Hollywood », un peu à tort et à travers, comme s'il s'agissait d'un critère exclusif censé caractériser le septième art outre-Atlantique sous toutes ses facettes. Mais, au final, on ne sait pas forcément bien ce qui se cache derrière ce mot.

LE RANCH ORIGINEL

Hollywood, dans notre imaginaire, c'est d'abord les grandes lettres blanches posées sur une montagne sous le soleil de Los Angeles. Car oui, avant d'être un lieu associé presque exclusivement au cinéma, ce n'est ni plus ni moins qu'un quartier de la Cité des Anges.

Il est créé dans les années 1880 : un couple originaire du Kansas pose alors la toute première pierre de ce qui deviendra, des années plus tard, un symbole fort de l'identité culturelle américaine. Nous sommes alors bien loin de l'urbanisme que l'on connaît aujourd'hui, marqué par les imposants buildings, les studios ciné et les trottoirs décorés d'étoiles. À l'origine, Hollywood est le nom d'un simple ranch, donné par la propriétaire Daeida Wilcox en référence à une colonie d'immigrés allemands de l'Ohio qui s'appelait ainsi. Mais elle ne souhaite pas leur rendre particulièrement hommage, non : elle trouve juste que ce nom est *sympa*. Tout simplement.

D'EDISON À LA CÔTE OUEST

Mais pourquoi ce quartier est-il aujourd'hui tant lié au cinéma ? Il faut remonter à 1910 pour le comprendre, une période charnière à laquelle le septième art commence réellement à devenir une industrie organisée, et notamment sur la côte Est américaine. Cette fameuse année, des cinéastes se lassent d'être sans cesse surveillés par un groupe de producteurs influents dirigés par Thomas Edison. En tête de cortège des protestataires et indépendantistes, il y a Carl Laemmle, le futur fondateur d'Universal.

La légende raconte que Laemmle serait parvenu à convaincre ses compères producteurs de se rassembler de l'autre côté du pays pour échapper au regard d'Edison. Mais une deuxième hypothèse plus probable explique ce déménagement : à l'époque, la Californie proposait une meilleure luminosité et une plus grande variété de décors que la côte Est. Globalement, tourner de ce côté des États-Unis revenait moins cher et, cerise sur le gâteau, il était plus facile de trouver des figurants issus de toutes les ethnies : un gros avantage pour des cinéastes bourrés d'inspiration.

L'ÉTOILE DU CINÉMA

Depuis, Hollywood a bien changé de visage. Dès le début du XXe siècle, le quartier s'est fortement développé. De grandes compagnies de cinéma y sont nées et s'y sont développées : Paramount, Warner Bros, la Fox…

Et aujourd'hui encore, même si tous les studios de tournage n'y sont plus forcément établis, Hollywood reste un haut lieu de décision du cinéma américain car une bonne partie des acteurs et réalisateurs stars y vivent, mais aussi parce qu'une grande quantité de studios dédiés à la postproduction y siègent.

D'un point de vue symbolique, Hollywood est également la place forte du cinéma, grâce au Walk of Fame d'Hollywood Boulevard, ce trottoir mythique où les plus grandes stars du cinéma ont une étoile. Mais aussi grâce au Théâtre Dolby, un lieu où se tient chaque année la fameuse cérémonie des Oscars.

VOILÀ CE QU'EST HOLLYWOOD !

TECH

LA 5G

La 5G est la cinquième génération de téléphonie mobile, dont le déploiement commercial a débuté dès 2020. Ce progrès technologique est au cœur d'enjeux économiques et géopolitiques. Mais des associations et chercheurs alertent aussi sur les risques qu'il pourrait représenter pour la santé et pour l'environnement. Ses défenseurs font de grandes promesses techniques. Par rapport à la 4G, elle devrait permettre un débit 10 à 100 fois plus rapide, avec des temps de latence très courts.

C'EST QUOI, LE GROS PLUS DE LA 5G ?

Les débits que propose cette technologie permettent par exemple de jouer à des jeux en ligne plus gourmands en connexion et de regarder des séries en très haute qualité, sans souci de chargement. Mais au-delà de l'accès à la culture et aux loisirs, elle représente un pas de plus vers la ville intelligente, permettant aux objets connectés de communiquer entre eux.

L'une des technologies qui devrait en particulièrement bénéficier de la 5G, c'est la voiture autonome, qui peut réagir en une milliseconde grâce à la vitesse de connexion. C'est pourquoi cette nouvelle génération de télécommunication est présentée par les gouvernements comme un enjeu stratégique et un projet industriel majeur.

ET LA SANTÉ, DANS TOUT ÇA ?

Multiplier les ondes électromagnétiques, ça ne paraît pas très bon pour notre santé. C'est en tout cas ce que craignent certaines associations, qui alertent notamment sur les risques d'insomnie, de baisse de fertilité et même de cancer. Il faut dire que l'Organisation mondiale de la santé classe les rayonnements électromagnétiques parmi les cancérigènes possibles.

Trois experts ont ainsi répondu à ces inquiétudes dans un article publié par l'Inserm (Institut national de la santé et de la recherche médicale)[6]. Ils expliquent que la 5G profite de longueurs d'onde comprises autour des 3,5 GHz, c'est-à-dire plus petites et plus énergétiques que celles de la 4G. Elles ne pourraient pas causer de dommages cellulaires, mais ne seraient pas sans danger pour la peau, les yeux, les tympans, les terminaisons nerveuses et la circulation sanguine.

Le problème, c'est que cette technologie est développée sans que les scientifiques soient certains de son innocuité. L'Agence nationale de sécurité sanitaire note justement le manque de données scientifiques sur les effets biologiques et sanitaires des rayonnements de cette longueur d'onde.

6 « Ondes électromagnétiques : Faut-il craindre la 5G ? », Inserm, 20 décembre 2019

ET LA PLANÈTE ?

Des membres du think tank «The Shift Project», laboratoire d'idées sur des questionnements liés au climat et aux énergies fossiles, dénoncent l'impact de la 5G sur l'environnement dans une tribune publiée dans *Le Monde*[7].

Selon eux, son déploiement conduirait à multiplier la consommation d'énergie des opérateurs mobiles par 2,5 à 3 d'ici cinq ans. Et cela pousserait aussi au remplacement des smartphones, ce qui ne va pas sans pollution.

VOILÀ CE QU'EST LA 5G !

7 Joachim Renaudin, « La révolution numérique nous réserve une hyperconsommation numérique énergivore », *Le Monde*, 19 novembre 2019

SANTÉ

LE PLAISIR PROSTATIQUE

Nous associons davantage la prostate à la maladie sans vraiment savoir la situer dans le corps masculin, et encore moins l'associer au plaisir. Un peu d'anatomie, donc : la prostate, souvent appelée la « mal-aimée » ou encore « point P », est une petite glande qui se trouve juste sous la vessie. Elle peut peser de 20 à 40 grammes selon l'âge. Son rôle dans le corps est de produire le liquide séminal qui compose le sperme. Ce liquide protège les spermatozoïdes du pH acide du vagin. Le meilleur moyen d'y accéder, c'est par l'anus. Et pour peu qu'on accepte de se prêter au jeu, elle se révèle être un incroyable potentiel de plaisir.

POURQUOI C'EST SI BIEN ?

La prostate est aux hommes ce que le clitoris a longtemps été aux femmes : un organe qui donne du plaisir quand on le stimule, mais qu'on a tendance à oublier. Ou pire, dont on ignore même l'existence. Elle reste une grande inconnue de la sexualité masculine, phagocytée par la toute-puissance du pénis. Elle gagne pourtant à être explorée : le plaisir passe donc par sa stimulation. Caresser la petite boule accessible par le rectum à l'aide d'un doigt bien lubrifié, par exemple, peut déclencher une jouissance insoupçonnée.

Le massage prostatique peut réduire le risque du cancer de cette glande, peut permettre des érections plus fortes et un retardement de la jouissance pour les personnes souffrant d'éjaculation précoce. Non seulement sa stimulation provoque des orgasmes plus longs, plus intenses, ressentis dans tout le corps, mais elle remet de la sensualité et de l'intériorité dans une sexualité masculine hétéro souvent phallocentrée, qui peut finir par tourner en rond.

DÉCONSTRUIRE LES RÔLES SEXUÉS

Dans notre inconscient collectif, les pratiques sexuelles non standards sont souvent rejetées. Le plus souvent, la sexualité reste basique, limitée à la pénétration du pénis dans le vagin, avec l'idée que le plaisir prostatique serait réservé aux hommes gays. C'est une erreur, qui repose uniquement sur une construction sociale.

La stimulation de la prostate entre en conflit avec certaines attentes sociales : un homme *doit* pénétrer, et non l'inverse. Cette idée est indissociable de l'image de la virilité chez les hommes hétérosexuels dans nos sociétés contemporaines.

La sexothérapeute Nathalie Giraud-Desforges rappelle que **« la zone anale est porteuse de mémoire et de préjugés, elle est associée à un fardeau générationnel genré »**. Le plaisir prostatique, contrairement au plaisir éjaculatoire, n'emmène pas vers la descente, il n'y a pas de période réfractaire. Il peut donc durer longtemps et se répéter plusieurs fois à la suite. Pourquoi s'en priver ?

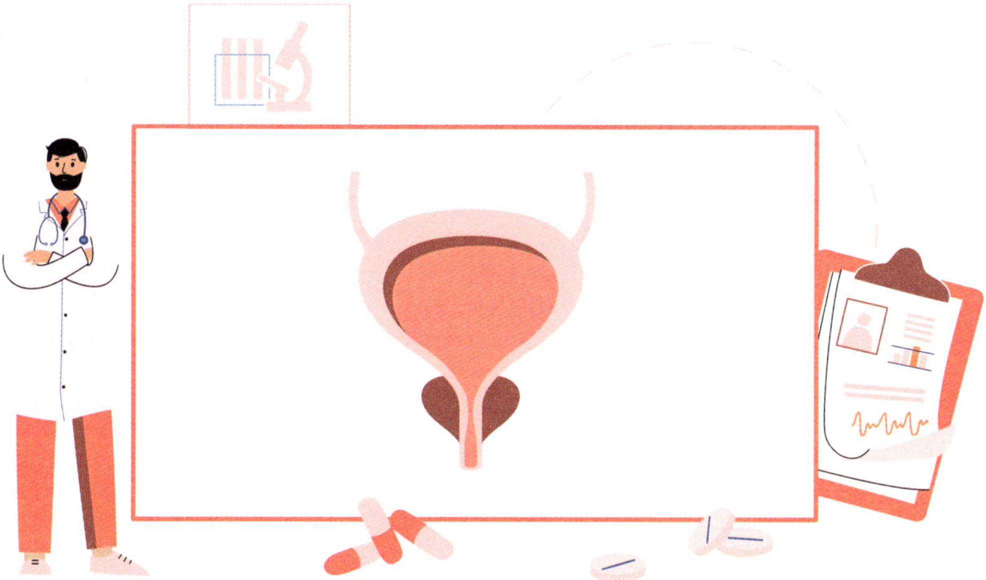

ATTEINDRE LE PLAISIR PAR LA PROSTATE

Plusieurs possibilités s'offrent aux curieux sexplorateurs qui osent franchir le pas. Vous pouvez d'abord pratiquer en solitaire en employant par exemple des masseurs prostatiques, qui peuvent être de bons alliés. Vous pouvez également explorer avec votre partenaire et, dans ce cas, n'oubliez pas de lui offrir d'abord une manucure pour que les ongles soient limés – un impératif avant la pénétration.

Dans tous les cas, faites preuve d'ouverture et de patience. Sachez qu'il faudra du temps pour les novices qui doivent s'habituer à la fois à ces nouvelles sensations et à une forme de vulnérabilité. Certains hommes connaissent un déferlement de plaisir dès la première tentative, d'autres ont besoin d'une petite phase d'apprentissage. Plus vous pratiquerez, meilleures seront les sensations.

Enfin, pour ceux qui auraient besoin d'un accompagnement théorique, sachez qu'il existe des ateliers d'initiation au plaisir prostatique, par exemple à Paris, co-animés par la sexothérapeute Nathalie Giraud-Desforges et Adam, du blog **NouveauxPlaisirs.fr**, le site de la sexualité décomplexée, ludique et respectueuse.

VOILÀ CE QU'EST LE PLAISIR PROSTATIQUE !

SOCIÉTÉ

LE COMPLOTISME

Le 11 novembre 2020 est sorti en ligne un documentaire nommé *Hold-Up*. C'est alors devenu un véritable phénomène de société, tant son contenu pose problème : un complot mondial se cacherait derrière la pandémie de Covid-19.

En cinq jours, il a été regardé plus de deux millions et demi de fois sur Internet. Sur l'affiche, on voit une femme et un homme portant un masque, les yeux imprimés par des logos de médias (AFP, CNews, BFM et TF1) et un texte qui donne le ton : « Mensonges... Corruptions... Manipulations... Covid-19 : retour sur un chaos ». Le message du réalisateur est clair : le coronavirus serait une manipulation médiatique et politique.

Et ces théories se multiplient avec l'évolution de la pandémie. Fin mars 2020, l'Institut d'opinions IFOP publiait une étude dans laquelle 26 % des Français interrogés estimaient que le virus avait été fabriqué dans un laboratoire.

LE COMPLOTISME, C'EST QUOI ?

Dans l'esprit des individus qui épousent cette idéologie, des complots sont orchestrés par les dirigeants afin d'imposer un autre mode de vie. Pour que cela puisse arriver, il doit se dérouler un événement particulier, marqué par des incohérences ou des zones d'ombre. Selon Rudy Reichstadt, fondateur de *Conspiracy Watch*, le complot peut avoir des intérêts politiques, financiers et géopolitiques.

Outre la croyance en la dissimulation de la présence d'extraterrestres sur Terre, déjà contée dans *The X-Files*, les sujets de complotisme sont particulièrement diversifiés : les Illuminati, mais aussi le complot juif, l'assassinat de Kennedy, et même la théorie selon laquelle Lady Diana ne serait pas morte dans un accident de voiture. C'est sans oublier celles présentées dans des œuvres culturelles, devenues célèbres, à l'image du *Da Vinci Code*. Et c'est le cas dans l'Histoire aussi ; retournons à la fin du XVIIIe siècle : la première théorie daterait de la Révolution française, qui ne serait pas un mouvement de révolte populaire, mais en réalité une conspiration antichrétienne.

LE CORONAVIRUS A DONC ÉTÉ FABRIQUÉ DANS UN LABORATOIRE ?

Le documentaire *Hold-Up* véhicule plusieurs thèses complotistes. Parmi elles, celle qui explique que le coronavirus est un outil employé par le Forum économique mondial. Il s'intégrerait dans le programme secret « Great Reset » (« la grande réinitialisation ») visant la reconstruction économique mondiale à la suite de la pandémie. Pour les complotistes, ce projet n'a d'autre ambition que de faire disparaître une partie de l'humanité.

Durant 2 h 45 de programme, des dizaines de personnes interviennent pour évoquer ce qu'elles pensent de la Covid-19 et des effets de la crise sanitaire. Parmi ces témoignages, l'AFP a recensé plus d'une trentaine d'affirmations fausses ou trompeuses. Les masques, par exemple, seraient complètement inutiles, et l'hydroxychloroquine, aujourd'hui employée en rhumatologie, serait un traitement efficace.

POURQUOI TANT DE GENS Y CROIENT-ILS ?

Le documentaire a bénéficié d'un relais de personnalités publiques sur les réseaux sociaux, particulièrement profitable en termes de communication. La star de télé-réalité Kim Glow et l'actrice Sophie Marceau font partie de celles et ceux qui ont vanté *Hold-Up* sur leurs comptes personnels.

Ce qui est fascinant, avec ce documentaire, c'est le nombre impressionnant, difficilement quantifiable, de personnes qu'il a touchées, ce qui n'est normalement pas le cas pour des thèses complotistes, tout comme la somme d'argent dont il a bénéficié grâce aux plateformes de financement participatif.

Pour Tristan Mendès France, spécialiste des cultures numériques et collaborateur de *Conspiracy Watch*, ce documentaire, qu'il qualifie de « projet politique », n'aurait jamais eu le même écho sans les réseaux sociaux.

Comme ça a en effet été le cas pour *Hold-Up*, le complotisme se répand très vite sur Internet. Et encore plus dans un contexte de défiance envers les médias. Ces derniers justement, grâce à leurs services de vérification des faits, comme AFP Factuel ou Les Décodeurs du *Monde*, s'attachent à examiner ce que disent ces théories et ce qui est relayé sur les réseaux sociaux. Il n'existe pas de solution miracle pour faire fi des complots ; il est surtout essentiel de veiller à accéder à une information vérifiée.

VOILÀ CE QU'EST LE COMPLOTISME !

ENVIRONNEMENT

LA VILLE DU QUART D'HEURE

Lors de la campagne municipale de 2020, Anne Hidalgo en a fait l'un de ses arguments principaux : Paris sera la « ville du quart d'heure », une commune où tout serait proche et accessible à pied ou à vélo. Faire ses courses, travailler, pratiquer des loisirs, se cultiver et aussi se soigner : le tout à moins de 5 minutes à bicyclette et à 15 minutes maximum en marchant, sans jamais prendre la voiture et en n'empruntant qu'occasionnellement les transports en commun.

UNE PROPOSITION UTOPIQUE ?

Cette idée, considérée comme idéaliste il y a quelques années, a été lancée par l'urbaniste et chercheur franco-colombien Carlos Moreno. Professeur à la Sorbonne, il est à l'avant-garde de la *smart city*, la « ville intelligente ». Habiter, travailler, s'approvisionner, se soigner, s'éduquer et profiter des loisirs : ce sont pour lui les piliers de la ville du quart d'heure, qui doit fonctionner sur l'hyperproximité. Dans cette perspective, il faut repenser entièrement les quartiers d'une commune de manière à faire gagner du temps aux habitants.

Et, depuis, la dynamique a été lancée : le concept commence à se développer un peu partout dans le monde, à Copenhague au Danemark, à Melbourne en Australie, à Ottawa au Canada, à Utrecht aux Pays-Bas, ou encore à Édimbourg en Écosse… Toutes ces villes se sont engagées dans cette voie et s'approprient les contours de cette nouvelle urbanité.

LES VILLES DU QUART D'HEURE FRANÇAISES

Dans l'Hexagone aussi, le concept a pris des ailes. La ville de Nantes a annoncé vouloir développer le concept progressivement, dans de nombreux quartiers. Côté capitale, des délégués au quart d'heure ont été installés pour recueillir les besoins des habitants. À Pantin, en Seine-Saint-Denis, les réflexions avancent également en ce sens. La métropole de Dijon et celle de Mulhouse sont elles aussi des territoires d'expérimentation.

Or, est-ce que cela peut s'appliquer partout ? C'est beaucoup plus compliqué dans les petites villes où la voiture est encore indispensable pour la mobilité. Mais le concept ne vaut pas que pour la métropole car il peut également se décliner en « territoire de la demi-heure » dans les bassins à moyenne ou faible densité de population, où la place de l'automobile peut être revue grâce à la mutualisation des ressources.

UNE DYNAMIQUE POLITIQUE

L'impulsion ne peut que venir des politiques puisque le concept nécessite d'aménager des espaces, des routes pour les vélos et des équipements en conséquence. Il ne s'agit pas nécessairement d'en construire de nouveaux mais de mieux les utiliser dans cet objectif. C'est ce que Carlos Moreno appelle «les ressources cachées de la ville».

À titre d'exemple, les écoles qui ne sont ouvertes qu'une partie de la journée et pas tout au long de l'année pourraient être exploitées par des associations. De même, les gymnases libres serviraient à autre chose qu'à pratiquer des activités sportives, par exemple pour des cours de langue. Les infrastructures existent déjà et peuvent être utilisées et optimisées. Pour Carlos Moreno, c'est la voie de l'avenir.

Le concept est prometteur en termes de réduction des gaz à effet de serre, de meilleur usage des ressources ainsi que de bien-être des citoyens. Mais certains s'interrogent sur le repli sur soi des urbains qu'il risquerait de provoquer, ou déplorent l'inadaptation d'un tel principe pour les zones diffuses.

VOILÀ CE QU'EST LA VILLE DU QUART D'HEURE !

CULTURE

LE PETIT PRINCE

***Le Petit Prince*, c'est l'un des livres les plus lus sur la planète. Écrit par Antoine de Saint-Exupéry et paru en 1943 aux États-Unis, il est à ce jour distribué dans plus de 300 langues. Ce qui en fait le deuxième ouvrage le plus traduit au monde après la Bible.**

Le 6 avril 2021, nous avons célébré les 75 ans de sa sortie en France. Car oui, les lecteurs de l'Hexagone ont dû attendre trois ans de plus que les Américains pour découvrir ce conte philosophique pourtant écrit par un Français.

QU'EST-CE QUE ÇA RACONTE ?

C'est l'histoire du Petit Prince, qui vit seul sur une planète éloignée. Il est amoureux d'une rose et décide de partir en voyage sur d'autres planètes pour se faire de nouveaux amis. Au cours de son périple, il rencontrera notamment un pilote d'avion et un renard avec lesquels il aura des discussions sur le monde et sur les hommes, qui vont transformer son expérience en véritable voyage initiatique.

POURQUOI CE CONTE EST-IL SI CÉLÈBRE ?

La force de Saint-Exupéry, dans cette œuvre, c'est d'être parvenu à parler à tout le monde : chacun de nous, avec ses particularités, peut s'identifier au Petit Prince. Les enfants s'attacheront notamment à la magie de l'histoire, et les adultes à ses vertus spirituelles et philosophiques. Dans cette perspective, l'écriture, le langage et les illustrations sont simples et destinés à être compris par tous.

Mais ne vous y trompez pas, derrière cette simplicité se dissimule une haute valeur symbolique. Le Petit Prince incarne un observateur plutôt neutre qui témoigne de ces personnages si particuliers rencontrés tout au long de son incroyable traversée.

QUEL EST LE SENS DE CE VOYAGE INITIATIQUE ?

Le conte philosophique ne vise pas réellement à nous apprendre des choses, pas au sens strict en tout cas. Il convient surtout d'aborder *Le Petit Prince* pour ses apports philosophiques.

Le personnage invite en effet à la réflexion plutôt qu'il n'impose une vision. Chaque chapitre relate ainsi une rencontre menant à une discussion qui porte sur le comportement des grandes personnes – ce comportement est bien souvent jugé absurde par le Petit Prince lui-même. On peut notamment y lire une incitation à garder son âme d'enfant, à être créatif plutôt que de rester attaché au concret. Au détour de sa rencontre avec un businessman qui passe son temps à compter les étoiles, le lecteur peut aussi y voir une invitation à ne pas être trop sérieux dans la vie pour éviter la monotonie.

Avec l'allumeur de réverbères, pour qui chaque jour dure une minute, le Petit Prince semble comprendre qu'il convient de prendre son temps et d'apprécier l'instant présent.

Avec le géographe, ce vieil homme qui parle du monde sans l'avoir exploré, on peut percevoir le message de l'auteur : nous inciter à sortir de notre zone de confort et à ne pas hésiter à multiplier les expériences pour grandir.

Et, enfin, le fameux renard nous invite à choisir avec notre cœur, à travers cette célèbre citation qui a presque valeur de maxime : « **Voici mon secret. Il est très simple : on ne voit bien qu'avec le cœur. L'essentiel est invisible pour les yeux.** »

VOILÀ CE QU'EST *LE PETIT PRINCE* !

SANTÉ

L'EFFET MOZART

Et si, après seulement dix petites minutes d'écoute d'une œuvre de Mozart, notre QI augmentait ? C'est en 1993 que le scientifique et musicien Francis Rauscher et son équipe de chercheurs californiens lancent l'hypothèse qui se répandra ensuite comme une traînée de poudre et donnera naissance à l'un des mythes les plus célèbres, celui de *l'effet Mozart*.

C'EST QUOI, L'EFFET MOZART ?

Certain de son hypothèse, Rauscher publie en 1993 un article dans la prestigieuse revue scientifique américaine *Nature*, qui aura un retentissement énorme. Son étude tend à prouver qu'après seulement dix minutes d'écoute de la *Sonate pour deux pianos en ré majeur K 448* de Mozart, les adolescents soumis à l'expérience arrivent à mieux résoudre des tâches d'intelligence spatiale.

L'annonce fait alors l'effet d'une bombe. Mozart est servi à toutes les sauces, les femmes enceintes et les nouveau-nés reçoivent des compilations des œuvres du compositeur dans les maternités. Certains États américains vont même jusqu'à obliger les structures publiques d'accueil de la petite enfance à diffuser ses partitions quotidiennement. Le marché des supports audio estampillés *Mozart* explose.

ALORS, L'EFFET MOZART EXISTE-T-IL VRAIMENT ?

La controverse monte et attire de nouvelles études successives sur le sujet, dont une partie vient contredire les résultats de Rauscher. Une équipe de la faculté de psychologie de l'Université de Vienne étudie alors 3 000 cas, compilés dans une quarantaine d'études. «Il n'existe aucune preuve de l'effet Mozart», déclare Jakob Pietschnig, directeur de l'étude autrichienne, rappelant que celle de 1993 n'a porté que sur 36 étudiants, soit un très petit échantillon.

LA LÉGENDE MERVEILLEUSE

Ce mythe a tranquillement traversé les décennies. Et pourtant. Qu'il s'agisse de Mozart, Michael Jackson, PNL ou Aya Nakumara… Peu importe : c'est la musique que l'on aime qui améliorera nos facultés cognitives, parce qu'elle nous procure du plaisir. C'est l'argument d'Isabelle Peretz, chercheuse québécoise en neurosciences, dans son livre *Apprendre la musique, nouvelles des neurosciences*.

Plus encore, si l'écoute de la musique ne laisse en effet pas notre cerveau indifférent, la pratique musicale aura un impact démultiplié sur nos performances intellectuelles.

La chercheuse cite plusieurs études sur différentes populations d'élèves, plus ou moins jeunes, qui, après avoir suivi un enseignement musical à l'école (piano ou chorale), ont un taux de réussite plus élevé dans toutes les matières évaluées. « **Apprendre à faire de la musique est un atout quand l'activité fait partie de l'éducation générale,** explique-t-elle, **et cela depuis l'âge de six mois jusqu'à la fin de l'adolescence. La musique favorise les facultés intellectuelles et sociales de l'enfant, mais seulement si elle est pratiquée en plus, et pas au lieu d'une éducation générale.** » À l'écoute ou en pratique, la musique reste donc un stimulant pour nos capacités cognitives.

VOILÀ CE QU'EST L'EFFET MOZART !

SOCIÉTÉ

LA THÉRAPIE DE CONVERSION

Avez-vous déjà imaginé changer d'orientation sexuelle ? C'est tout l'objectif des thérapies de conversion, ou *homothérapies*. Ces dernières visent plus spécifiquement à convertir des personnes homosexuelles à l'hétérosexualité, ou tout au moins à encourager leur abstinence. Le plus souvent portées par des groupes religieux, ces thérapies se développent encore aujourd'hui en Europe et en Amérique. Or, en plus d'être inefficaces, elles peuvent se révéler dangereuses pour l'individu sur le plan psychologique.

ÇA VIENT D'OÙ ?

On commence à parler de «thérapie de conversion» dans les années 1950, en Amérique du Nord. À cette époque, des sexologues entendent traiter l'homosexualité comme s'il s'agissait d'une maladie neurologique. C'est ainsi que des personnes subissent des lobotomies et des séances de décharges électriques, dans l'espoir de changer d'orientation sexuelle. Vingt ans plus tard, l'homosexualité quitte enfin le champ de la psychiatrie. Et il faut attendre 1992 pour que l'Organisation mondiale de la santé la retire de la liste des maladies mentales.

Pour autant, ce n'est pas la fin de l'existence de ce type de thérapie. Des mouvements religieux, notamment catholiques, considèrent que l'homosexualité est une déviance satanique et prennent le relais. Elles ont pignon sur rue aux États-Unis ou en Pologne.

DES ASSOCIATIONS DE PSEUDO-THÉRAPIES

Dans différents pays, des groupements plus discrets, religieux ou non, se donnent cette même vocation. En France, c'est par exemple le cas de l'association évangélique Torrents de Vie, une émanation de l'américaine Desert Stream Living Waters qui pratique ces traitements depuis les années 1970. C'est ce que montre en 2019 le journaliste d'investigation Bernard Nicolas dans le documentaire Arte *Homothérapies, conversion forcée*.

Ces associations proposent des thérapies plus ou moins violentes : il peut s'agir de groupes de parole où l'individu est amené à partager ses pensées et son expérience, de stages invitant à participer à des rituels spécifiques, de l'apprentissage de prières de guérison, voire même de séances d'exorcisme pour expurger le *démon*, durant lesquelles les fidèles entrent en transe.

PEUT-ON CHANGER VRAIMENT D'ORIENTATION SEXUELLE ?

Ce type de thérapie est un véritable mythe : il est impossible de changer son orientation sexuelle. Les homothérapies ne font que culpabiliser les personnes homosexuelles, les poussant à développer leur haine de soi et à se diriger vers des substances désinhibantes, alcool ou drogues, vers la dépression et même le suicide.

C'est pourquoi certains gouvernements tentent de mettre fin à ces pratiques. C'est le cas de Malte, du Brésil ou de la Chine qui ont pris des dispositions contre ces thérapies de conversion. En mars 2018, le Parlement européen a également voté un texte qui invite les États membres à légiférer contre ces pratiques. Une évolution sur le plan politique qui ne dissimule pas le chemin encore à parcourir aujourd'hui.

VOILÀ CE QU'EST UNE THÉRAPIE DE CONVERSION !

ENVIRONNEMENT

LES ALGUES VERTES

Depuis 50 ans en Bretagne, des tonnes d'algues vertes s'échouent sur les plages chaque été. Les causes de ce phénomène ont longtemps été niées, tout comme ses conséquences mortelles.

DES ALGUES À LA TÉLÉ

Il a fallu trois années à la journaliste Inès Léraud pour retracer «l'histoire interdite» des algues vertes, dans une bande dessinée parue en 2019[8]. Le phénomène est pourtant connu depuis bien longtemps. Les premières marées vertes sont observées au début des années 1970 en Bretagne. De mai à septembre, les plages se recouvrent d'un manteau vert qui peut atteindre jusqu'à 1,50 mètre d'épaisseur. Il s'agit précisément de l'algue *Ulva lactuca* qui, visuellement, ressemble beaucoup à de la salade verte.

Déjà en 1996, dans un reportage de «Thalassa», certains élus expriment leur agacement. «**Ça sent mauvais dans tous la commune. […] Et ça coûte cher à enlever**», déclare Claude Campion, ancien maire de la commune d'Hillion en Côtes-d'Armor. L'odeur pestilentielle est mise en cause, mais pas seulement : cette calamité nuit à l'image de la région, et a donc un impact direct sur le tourisme. Mais aucune mesure n'est encore avancée pour tenter de protéger les côtes, jusqu'à ce que ce fléau fasse la une des médias, en 2009, suite à un événement très spécifique : alors qu'ils se promènent sur la baie de Saint-Michel-en-Grève, couverte d'un manteau d'algues, un cheval et son cavalier tombent au sol : l'animal s'enlise dans le sol et meurt ; l'homme, un jeune vétérinaire, perd connaissance avant d'être sauvé rapidement par des témoins.

UNE SALADE DE MER MORTELLE

Dans les émissions d'investigation, le grand public apprend que des animaux domestiques seraient décédés à cause de la décomposition des algues vertes, et quatre ministres se déplacent alors en Bretagne. Le grand public commence à s'intéresser plus vivement au problème : on explique que la putréfaction de cette «salade de mer» produit un gaz toxique, l'hydrogène sulfuré. Or, ce dernier peut paralyser le système nerveux et respiratoire. Et, à certaines doses, il tue aussi rapidement que le cyanure.

Toute la question est de savoir pourquoi personne n'a parlé de ce phénomène avant 2009. En réalité, les autorités sanitaires auraient été alertées de plusieurs cas suspects depuis des années, notamment de joggeurs ou de pêcheurs retrouvés morts sur la plage. Quelques jours avant l'affaire du cavalier, un ramasseur d'algues est même décédé durant sa journée de travail. Plus effrayant encore : en 2006, la préfecture des Côtes-d'Armor aurait gardé secret un rapport indiquant que des doses mortelles d'hydrogène sulfuré avaient été relevées sur les plages. De quoi faire frémir les baigneurs !

8 *Algues vertes. L'histoire interdite*, Inès Léraud et Pierre Van Hove, Éditions Delcourt, 2019

DERRIÈRE LES ALGUES : LA POLITIQUE

Pourquoi les autorités n'ont-elles pas réagi plus tôt ? D'après la journaliste Inès Léraud, il s'agit là d'une sombre affaire d'intérêts politiques et économiques. En effet, les algues vertes n'ont pas commencé à apparaître sur les plages bretonnes par magie. Ce développement est lié à l'essor de l'agriculture industrielle.

Bien que cela ait été nié pendant des dizaines d'années, l'État français reconnaît depuis 1999 que l'agriculture est à l'origine des marées vertes. Elles sont la conséquence de l'utilisation d'engrais, mais surtout des énormes quantités de déjections animales, notamment issues des élevages de porcs, épandues sur les sols. L'azote, une fois dans la terre, se transforme en nitrates, qui ruissellent jusqu'aux rivières, puis à la mer. Là, il agit en super-fertilisant, accélérant la croissance des algues, de la même manière que pour les plantes.

L'agro-industrie bretonne est si puissante que les pouvoirs publics ont mis près de 40 ans à reconnaître ce scandale environnemental et sanitaire. Aujourd'hui, les algues sont consciencieusement ramassées chaque été pour éviter leur putréfaction. Mais l'agriculture intensive, elle, perdure. Un cercle vicieux ?

VOILÀ CE QUE SONT LES ALGUES VERTES !

TECH

LE QR CODE

On le voit partout, surtout depuis l'instauration du pass sanitaire : le QR Code, ce drôle de graphique carré composé de modules noirs, s'est fait une place d'importance dans nos vies. En apparence, ils se ressemblent tous, mais chaque code est unique. De son vrai nom *Quick Response Code* (« code à réponse rapide »), il se présente comme une sorte de code-barres en 2D, mais d'une forme un peu différente.

À QUOI ÇA SERT CONCRÈTEMENT ?

Son histoire débute en 1994 : Masahiro Hara, un ingénieur japonais travaillant pour Denso Wave, filiale de Toyota, cherche à suivre la trace des pièces détachées dans les usines. Il développe alors le fameux QR Code, en s'inspirant du graphisme du go, un jeu de société nippon. Mais c'est avec l'avènement des smartphones qu'il prend un réel essor. En France, il n'est arrivé que tardivement, autour des années 2010. Aujourd'hui, il nous permet par exemple de pointer un billet d'avion avant l'embarquement, ou de consulter la carte d'un restaurant.

Le principe du QR Code est de stocker des informations. Il n'est lisible et donc décodable que par un lecteur de code-barres, un smartphone ou une webcam. Il peut contenir une adresse Internet, du texte, des numéros de téléphone, des mots de passe, etc. Il peut d'ailleurs supporter 100 fois plus d'informations qu'un simple code-barres.

De plus, il est inviolable : impossible donc de le pirater. Pour y parvenir, il faudrait en théorie modifier l'emplacement des carrés noirs sur le fond blanc, ce qui corromprait d'office le code et le rendrait caduc. À la différence, le code-barres traditionnel, lui, n'est pas protégé contre la duplication.

QUELLES SONT SES SPÉCIFICITÉS ?

Le lecteur peut reconnaître le QR Code grâce à sa forme caractéristique : un grand carré sur trois extrémités, excepté dans le coin inférieur droit. C'est ce qu'on appelle le *motif de position*.

Le lecteur va ensuite le scanner en le décomposant. Il examine les différents carrés de la grille et attribue à chacun d'entre eux une valeur en fonction de sa couleur, noire ou blanche. Il regroupe ensuite les carrés de la grille pour créer des motifs plus grands.

Il est également reconnaissable à cinq autres critères. La *zone tranquille*, ce contour blanc à l'extérieur du code, permet par exemple d'en déterminer les limites. C'est aussi le cas de ce qu'on appelle le *motif d'alignement*, c'est-à-dire le coin inférieur droit sans carré.

COMMENT CRÉER UN QR CODE « MAISON » ?

Le QR Code est accessible à tous. Pour en générer un, il suffit de se rendre sur des sites en ligne hébergeant des applications qui permettent de les générer : l'utilisation y est extrêmement simplifiée ; l'outil transforme automatiquement le lien que vous lui indiquez en code. De nombreuses plateformes web existent, comme QR Code Generator.

Et l'exploitation de ce type d'outil est d'ailleurs en pleine expansion : on estime qu'en 2020, 11 millions de ménages ont utilisé des QR Codes.

VOILÀ CE QU'EST LE QR CODE !

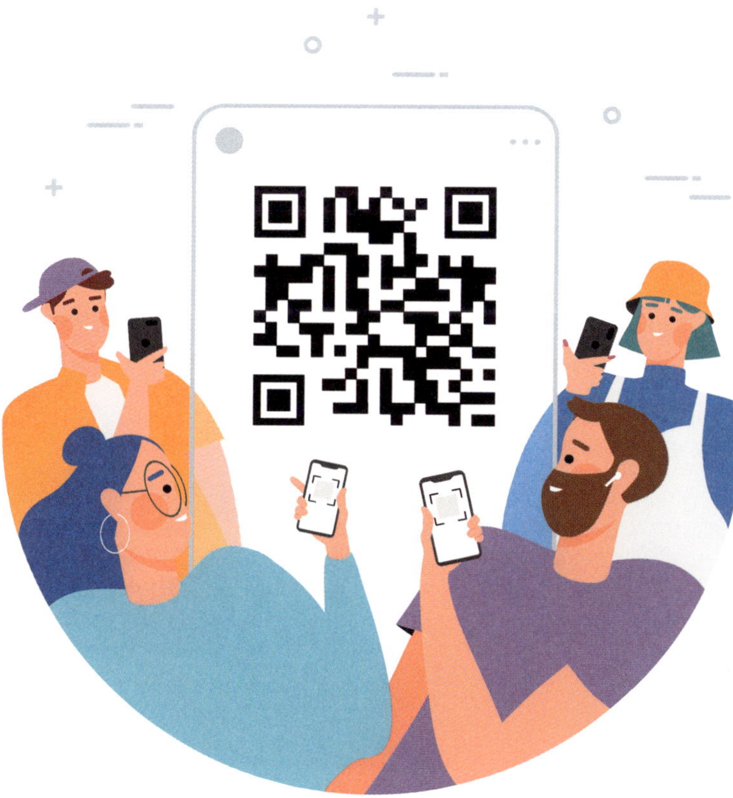

CULTURE

LA MARSEILLAISE

Chaque année, à l'occasion de la fête nationale, l'hymne revient inexorablement. Véritable symbole de la République, *La Marseillaise* se chante à tue-tête dans les stades, se fait plus épique lors des commémorations, et plus discrète à l'occasion de moments de recueillement national. En France, cette chanson accompagne la plupart d'entre nous, souvent depuis l'enfance, dans le but d'unir les habitants du pays.

D'OÙ VIENT-ELLE ?

À l'origine, bien avant de s'appeler *La Marseillaise*, la chanson est composée par le capitaine Rouget de Lisle pour les combattants de l'armée du Rhin. Ce militaire, également poète et musicien, donne vie au futur hymne national en 1792. Mais l'homme est loin d'être un révolutionnaire : grand défenseur de la monarchie constitutionnelle, donc royaliste, il est un proche du maire de Strasbourg, Philippe Frédéric de Dietrich, qui va justement l'encourager à écrire ce chant patriotique.

Le moment est d'autant plus fort que la France vient de déclarer la guerre à l'Autriche, et de nouveaux chants patriotiques voient le jour quotidiennement. L'objectif n'est autre que de galvaniser les troupes autour d'un symbole commun : Rouget de Lisle entreprend donc la composition de ce qui sera d'abord nommé le *Chant de guerre pour l'armée du Rhin*. La légende raconte qu'elle aurait été écrite en cinq heures seulement, durant une véritable nuit de transe où tout parut limpide au musicien.

POURQUOI ÇA S'APPELLE « LA MARSEILLAISE » ?

Il est vrai que si l'on se fie à ses origines, notre hymne aurait dû s'appeler *La Strasbourgeoise*. Son succès national quasi immédiat et les événements historiques lui ont institué un autre nom. Peu de temps après sa création, les révolutionnaires marseillais remontent à Paris à pied, durant plus de vingt jours de marche : ils veulent rejoindre la capitale pour célébrer l'anniversaire de la prise de la Bastille. Et durant leur périple, ils entonnent le chant de Rouget de Lisle pour se donner du courage.

Et une fois arrivés à bon port, les Parisiens observent cette étrange parade et décident de rebaptiser l'hymne : d'abord *Le Chant des Marseillais*, puis tout simplement *La Marseillaise*.

POURQUOI EST-CE DEVENU L'HYMNE DES FRANÇAIS ?

Si le chant est resté dans les mémoires, c'est parce qu'il a la particularité d'avoir été immédiatement adopté par une majorité de Français et s'est alors répandu rapidement dans tout le pays. Le texte, à vocation universelle, et la mélodie, simple et efficace, sont sans doute les secrets de ce succès, de la même manière, peut-être, qu'un tube de l'été. En effet, la chanson a été composée pour célébrer les victoires du peuple. Les paroles se fondent ainsi sur un appel patriotique à la mobilisation générale en vue de combattre la tyrannie et de protéger la liberté.

Entonnée en 1792 lors de la prise des Tuileries et l'arrestation du roi, elle s'entend de nouveau un mois plus tard à Valmy à l'occasion de la victoire de l'armée française face à la Prusse. Mais, longtemps considérée comme un chant révolutionnaire, elle ne devient l'hymne officiel du pays qu'en 1879, l'année où les républicains réussissent à prendre le pouvoir sur les monarchistes. Les deux premières mesures sont alors les suivantes : choisir le 14 juillet comme fête nationale et faire de *La Marseillaise* l'hymne officiel de la France.

VOILÀ CE QU'EST LA MARSEILLAISE !

ENVIRONNEMENT

LE JOUR DU DÉPASSEMENT

C'est un moment charnière qui a été atteint, pour l'année 2021, le 29 juillet spécifiquement. Le *jour du dépassement*, c'est celui où l'humanité a officiellement utilisé toutes les ressources que la planète peut lui offrir. C'est une date clé à partir de laquelle nous commençons, en quelque sorte, à vivre à crédit sur les ressources naturelles, après avoir dépensé toutes celles que la Terre met à notre disposition.

DES RESSOURCES QUI S'ÉPUISENT

Qu'est-ce que cela signifie concrètement ? Tout simplement que nous avons abattu proportionnellement plus d'arbres sur un an que ce que la nature est en mesure de faire pousser durant la même période. Ou encore que nous avons pêché trop de poissons par rapport au nombre qui vit dans les profondeurs aquatiques. Mais aussi, par exemple, que nous avons exploité trop de surfaces agricoles… En résumé : nous sommes allés trop loin par rapport à ce que la Terre est capable de générer au cours d'une année entière.

74 % DE RESSOURCES CONSOMMÉES EN TROP

Depuis les années 2010, déjà, les médias français et les ONG qui luttent pour la sauvegarde de la planète alertent sur ce sinistre anniversaire. Et selon WWF, cette date ne cesse d'avancer dans notre calendrier. Seule l'année 2020 a fait figure d'exception à cause de (ou grâce à) la pandémie de coronavirus. Il a fallu que le monde s'arrête de tourner pour préserver un peu la Terre : mais, résultat, nous n'avons gagné qu'un seul mois.

Toujours selon WWF, nous utilisons actuellement 74 % de ressources en plus de ce que la planète nous apporte. C'est comme si nous disposions de 1,7 Terre pour vivre à notre rythme de consommation. Nous entamons donc le capital naturel censé être réservé à l'année prochaine. Et ainsi de suite.

UN CALCUL CONTESTÉ

C'est l'ONG américaine Global Footprint Network qui est à l'origine de ce calcul plus que symbolique. Pour connaître le jour où nous basculons dans le rouge, elle divise la capacité de production de la planète, ce qu'on appelle *biocapacité*, par l'empreinte écologique des humains.

Mais le concept est contesté par certains scientifiques qui questionnent la crédibilité et l'honnêteté du calcul. Car, chaque année, d'autres critères viennent s'y ajouter, rendant les comparaisons difficiles.

Pour d'autres, cette méthode consiste à comparer des pommes et des poires à des données dans des unités très différentes, comme les émissions de gaz à effet de serre, les surfaces déboisées de la forêt amazonienne, l'exploitation de champs de maïs ou encore la production en électricité.

Selon Leo Hickman, éditorialiste au journal britannique *The Guardian*, la méthode est contestable et contestée pour toutes ces raisons. Néanmoins, il estime qu'à défaut de pouvoir vulgariser un ensemble de données très complexes et peu compréhensibles pour nous, non scientifiques, le *jour du dépassement* a au moins le mérite d'exprimer simplement un phénomène aux ramifications multiples, et qui nous concerne tous.

VOILÀ CE QU'EST LE JOUR DU DÉPASSEMENT !

TECH

LA *SILENT* PARTY

Nous aimons tous faire la fête, que ce soit en petit groupe, dans des gigantesques boîtes de nuit, sur un bateau croisière ou ailleurs. Danser, nombre d'entre nous en raffolent : c'est toujours l'occasion de retrouver l'insouciance des corps se mouvant par grappes sur la scène, exaltés par le même tempo et une mélodie reconnaissable. Problème : nous n'aimons pas tous la même musique et, de fait, nous n'apprécions pas tous les mêmes fonds sonores pour nous défouler sur le dancefloor. Un nouveau type de fête a émergé depuis quelques années, et qui devrait beaucoup plaire à vos voisins : c'est la *Silent Party*, de quoi mêler silence et joie de vivre.

UNE *SILENT PARTY*, QUÉSACO ?

L'histoire de la *Silent Party* ne précise pas si un véritable créateur est à l'origine du concept. Deux DJ allemands, Nico Okkerse et Michael Milton, en sont néanmoins considérés comme les pionniers. En 2002, ils ont organisé des «Silent Disco» en collaboration avec le festival néerlandais De Parade. Pour autant, le principe de ce nouveau type de soirée apparaît bien plus tôt, par exemple illustré dans le manga japonais de science-fiction *Astroboy*, publié en 1967.

Le concept est assez original et se développe de plus en plus dans les grandes villes. Le principe est simple : il s'agit d'une soirée dansante mais, pour y participer, chaque personne doit s'équiper d'un casque sans fil. Ce dernier permet de diffuser de la musique, jouée le plus souvent par des DJ en live, sur plusieurs canaux différents. Et les casques s'éclairent de couleur différente en fonction du DJ écouté, puisque la musique est exclusivement diffusée dans les casques.

PLUSIEURS MUSIQUES DANS UNE MÊME SOIRÉE

Ce principe permet de varier les intérêts des participants : plusieurs styles de musique différents, joués au même moment, sont retransmis de manière synchrone dans le casque, et ce durant la même soirée.

De cette manière, il est possible de s'accompagner d'un ami qui aime par exemple le hip-hop, ou d'un autre qui ne jure que par l'électro. Et, pendant ce temps, on peut soi-même profiter de ses tubes pop préférés, tout en partageant ce moment avec ses proches. Dans cet exemple, ce seront donc trois DJ différents qui joueront trois types de musique pour autant d'ambiances différentes au même instant. Chacun se connecte sur le canal du DJ de son choix et tous peuvent danser ensemble. C'est même l'occasion de changer de couleur et de canal au cours de cette même soirée, en fonction de votre mood et de votre énergie.

CHACUN DANS SA BULLE ?

L'inquiétude d'une majorité d'entre nous, c'est de rester enfermé dans son univers : être avec les autres mais barricadé dans sa bulle de musique. L'ambiance d'une *Silent Party*, pourtant, décloisonne cet effet : c'est l'esprit *fête* qui prend le dessus. De l'extérieur, il est vrai, la soirée peut sembler quelque peu étrange. Voir une foule se déhancher sans entendre de musique est pour le moins déroutant. Mais c'est de toute façon un concept à vivre de l'intérieur.

Pour des soirées plus intimes, des kits à la location existent également afin de créer l'événement directement chez soi. Ils sont fournis avec diverses playlists, et la possibilité également de brancher votre propre son. L'occasion d'organiser votre propre Silent Party, chez vous, sans lasser vos proches par vos choix musicaux et sans énerver votre voisinage !

VOILÀ CE QU'EST UNE *SILENT PARTY* !

SANTÉ

L'HYSTÉRECTOMIE

Mi-septembre 2020, plusieurs ONG ont révélé que des hystérectomies forcées avaient été pratiquées sur des migrantes dans un centre de détention en Géorgie, aux États-Unis. L'alerte a été donnée par une infirmière qui y a travaillé jusqu'en juillet. Selon elle, un médecin pratiquait des stérilisations forcées sur des femmes d'origine latino-américaine, sans donner de raison et sans les avertir. Elle raconte qu'elles étaient confiées à un gynécologue, en dehors du centre, surnommé le « collectionneur d'utérus ». Le 14 septembre, quatre ONG ont déposé plainte auprès du gouvernement américain, en accusant l'entreprise en charge du centre.

UNE VIOLATION DES DROITS HUMAINS

Une hystérectomie désigne l'ablation partielle ou totale de l'utérus avec, parmi les multiples conséquences, l'impossibilité pour une femme de tomber enceinte. Opération chirurgicale lourde, elle se réalise soit par voie abdominale, la plus courante, soit par voie vaginale ou par la laparoscopie – avec des incisions dans le ventre.

Elle peut être prescrite dans des cas très spécifiques. Mais au centre de détention de Géorgie, il s'agit de cas forcés, ce qu'on appelle les hystérectomies abusives, une véritable violation des droits humains.

Ce n'est malheureusement pas la première fois que ce type de pratique est dénoncé dans le monde.

En Inde, en 2019, des ablations de l'utérus forcées ont eu lieu dans une région du centre du pays, sur des coupeuses de canne à sucre. Une enquête a montré que les employeurs voulaient que les femmes n'aient plus leurs règles pour travailler sans interruption.

Selon l'ONG Tathapi, 36 % des femmes travaillant dans ces champs de canne à sucre étaient concernées, obligées de payer elles-mêmes l'opération. Et le coût de cette intervention était particulièrement élevé : 20 000 à 40 000 roupies alors qu'elles ne gagnent que 30 000 à 40 000 roupies en une saison.

UNE CHIRURGIE QUI PEUT ÊTRE PRESCRITE

Il existe des cas particuliers où les hystérectomies peuvent être prescrites, essentiellement pour des femmes de plus de 40 et 50 ans. La République tchèque, l'Islande et la Suisse sont les pays où l'opération est la plus pratiquée, selon les chiffres de 2020. En Suisse, on compte en moyenne 275 opérations pour 100 000 habitantes. En France, en 2014, le ministère de la Santé a recensé plus de 64 000 hystérectomies. Mais les opérations sont de moins en moins courantes : entre 2002 et 2016, elles ont baissé de 30 % en France, de 16 % en Suisse et de 50 % aux États-Unis et en Finlande.

Les raisons poussant une femme à pratiquer une hystérectomie sont diverses ; cette intervention peut être recommandée dans certains cas spécifiques

par les professionnels de santé. C'est le cas, par exemple, si la patiente est atteinte d'endométriose, et particulièrement si la maladie se propage vers d'autres organes. Piqûre de rappel : l'endométriose est une maladie touchant une femme sur dix en France, provoquant des douleurs intenses dans le bas-ventre à cause du développement du tissu utérin en dehors de l'utérus.

L'hystérectomie peut également être conseillée en cas de saignements vaginaux, ou de présence de fibromes utérins, des tumeurs non cancéreuses qui représentent 30 % des opérations. Et elle peut aussi être proposée en cas de cancers gynécologiques, soit du col de l'utérus, des ovaires, du vagin ou de l'endomètre.

QUELLES CONSÉQUENCES SUITE À L'OPÉRATION ?

Comme toute intervention chirurgicale, l'opération a nécessairement des conséquences physiques, outre l'impossibilité d'une grossesse. Enlever l'utérus, d'abord, implique la fin des menstruations. C'est une opération qui provoque aussi des pertes de sang. En outre, une hystérectomie totale, qui suppose de retirer l'utérus ainsi que les ovaires, peut causer l'apparition de la ménopause et des bouffées de chaleur.

Aujourd'hui, les effets secondaires sont tout de même relativement faibles, et il est possible de vivre sans utérus. Mais les conséquences psychologiques ne sont pas à négliger, particulièrement chez les plus jeunes : ce type d'opération peut être vécu comme un choc, ou une violation du corps, d'une manière comparable à l'ablation des seins.

VOILÀ CE QU'EST L'HYSTÉRECTOMIE !

SOCIÉTÉ

L'ÉCRITURE INCLUSIVE

Dans la prestigieuse école Sciences Po Paris, l'écriture inclusive est valorisée, et elle fait l'objet de points bonus à l'examen dans certaines matières. Au contraire, à l'Assemblée nationale, une proposition de loi a été déposée en 2021, visant à interdire l'usage de cette écriture dans les documents administratifs. C'est à n'y plus rien comprendre.

Elle a surgi dans le débat public à l'automne 2017, après la découverte de quelques points médians dans un manuel scolaire. Jusqu'alors, le débat se cristallisait sur la féminisation des noms de métiers et de fonctions (*l'ambassadrice* n'est pas que la femme de l'ambassadeur, c'est avant tout un métier). Et à côté de cette bataille, une autre vient s'implanter.

MASCULIN OU FÉMININ ?

Le débat évolue vite, et aujourd'hui l'idée que le masculin l'emporte sur le féminin en termes de conjugaison a tendance à paraître un peu désuète. Un certain nombre de linguistes rétorquent que le masculin est un genre neutre, mais le langage inclusif exige, par exemple, d'arrêter l'usage du mot «homme» pour désigner l'humanité au profit du terme «humain». La raison en est simple : la population est composée de femmes, d'enfants, mais aussi d'intersexes, de non-binaires, de *gender fluid*… En somme, d'un ensemble riche et diversifié d'individus qui ne se reconnaissent pas nécessairement derrière cette étiquette masculine. Même Charles de Gaulle avait compris qu'il fallait être inclusif pour se faire réélire, employant sa célèbre apostrophe «Françaises, Français !».

Pour limiter les doublets, d'autres techniques graphiques commencent à faire leur apparition dans la langue française. Le point médian, le tiret, la barre oblique ou le point bas, avant d'être des astuces inclusives, veulent surtout ouvrir la réflexion sur une écriture égalitaire. Écrire deux mots en un, c'est dire que les deux ont la même valeur : par exemple «cet·te enfant est joli·e».

QUI DÉCIDE D'UN CHANGEMENT DANS LA LANGUE ?

Les débats actuels mettent en jeu une relation très forte entre des interrogations linguistiques et des questions de pouvoir, à laquelle la France ne fait pas exception. En 1539, une ordonnance de François Ier exigeait que les actes administratifs soient écrits en langage maternel français et non plus en latin.

Au XXe siècle, deux décisions majeures des autorités publiques sont également à noter : la féminisation des noms de métier, en 1982, et les recommandations orthographiques de 1990. Dans ces deux cas, les prescriptions ont mis beaucoup de temps à entrer dans l'usage.

ON DIT LA OU LE COVID ?

Tout terme qui entre dans l'usage peut faire l'objet d'un véritable débat. La crise sanitaire en a donné un bel exemple : dire «*la* Covid-19» est plus juste grammaticalement puisqu'il s'agit d'initiales qui font référence à la maladie, contrairement au coronavirus qui a trait au virus lui-même. Mais force est de constater que, dès le début de la pandémie, le masculin s'est répandu plus rapidement.

Malgré les prescriptions de l'Académie française, la langue est vivante, elle reste poreuse aux enjeux et aux usages de son époque. Lire les évolutions linguistiques uniquement sous l'angle de ce qui est imposé est réducteur, car la grande force des langues, c'est l'utilisation. Cette grande médiatisation des débats sur l'écriture inclusive a permis aux Français·es de découvrir ces nouveaux usages, qui vont continuer de faire leur chemin à l'écrit comme à l'oral, et tenter de ne laisser personne sur le bas-côté !

VOILÀ CE QU'EST L'ÉCRITURE INCLUSIVE !

CULTURE

LE FILM LE PLUS LONG DE L'HISTOIRE DU CINÉMA

Avez-vous déjà vu un épisode du *Seigneur des anneaux* ? Si c'est le cas, vous avez peut-être pensé : « Tiens, c'est long 3 h 48 pour un film. » Eh bien oui, on peut considérer qu'une œuvre de cinéma dépassant les 3 heures fait partie de la famille des films « longs ». Mais l'adaptation des livres de J. R. R. Tolkien est loin, bien loin d'être la plus monstrueuse de la fratrie.

UN FILM DE 30 JOURS

Le film le plus long de toute l'histoire du cinéma, tous pays confondus, dure quelque 720 heures, ce qui revient à 30 jours de visionnage. De fait, il n'a pas été distribué dans beaucoup de salles de cinéma. Il s'intitule *Ambiancé* et a été conçu par le réalisateur suédois Anders Weberg, qui a livré son projet en 2020, après sept ans de travail. Et pour se mettre l'eau à la bouche, il a même monté une bande-annonce, *Ambiancé - First Short Trailer*, disponible sur Internet et qui dure un peu moins longtemps : 7 h 20 tout de même.

UNE INTRIGUE SANS INTRIGUE

Ce film n'a pas réellement de synopsis, l'idée étant de se faire sa propre interprétation de ce que l'on est en train de voir. L'action se déroule sur une plage en plan fixe où le téléspectateur suit deux personnages en train de déambuler et de réaliser une série d'actions sans grande signification à première vue, le tout sur une musique planante composée de notes longues et étouffées. Enrobés d'un léger effet de flou, les personnages allument un feu, s'allongent, posent des pierres, plantent des drapeaux dans les galets, s'embrassent... Tout cela ressemblant de près ou de loin à un rituel.

LA NAISSANCE D'UN PROJET MONSTRE

On le comprend immédiatement : *Ambiancé* n'est pas un long métrage comme les autres. Il est plus à considérer comme une performance artistique. La preuve, c'est qu'il a été diffusé le 31 décembre 2020 en simultané sur tous les continents, avant d'être détruit à la fin de la projection, le 30 janvier 2021. Il restera donc le film le plus long à avoir existé mais n'existant plus. De quoi s'en mordre les cuticules.

Malgré le côté absurde de ce projet expérimental, la motivation de son auteur est bien plus personnelle qu'il n'y paraît. Cette œuvre, explique-t-il, est en réalité un hommage au fils du réalisateur, mort d'une overdose à l'âge de 21 ans.

Mais des théories sont nées autour de ce travail, visant à expliquer que le film ne se donne pas une finalité artistique mais cherche en fait à manipuler notre subconscient, et qu'il serait un objet sataniste. L'incompréhension face à l'étrange provoque parfois le complotisme.

En tant que téléspectateur, vous avez le droit d'être effrayé par l'idée de regarder un long métrage de 30 jours, et c'est tout à fait compréhensible. Pour vivre une expérience comparable et tout aussi éprouvante, il est possible de se reporter sur *Logistics* d'Erika Magnusson et Daniel Andersson, réalisé en 2012. Ce film est le documentaire le plus long de tous les temps. Il dure 5 jours et 17 heures de plus qu'*Ambiancé* et suit tout simplement le processus de production d'un podomètre, de sa fabrication en Chine à sa vente à Stockholm. Et lui, par contre, ne sera pas détruit : si vous avez 35 jours à tuer, n'hésitez plus !

VOILÀ QUEL EST LE FILM LE PLUS LONG DE L'HISTOIRE DU CINÉMA !

SANTÉ

L'EXPÉRIENCE DE MORT IMMINENTE

Raymond Moody, docteur en philosophie à l'Université de Virginie et psychiatre américain, est considéré comme le père fondateur et le précurseur des études sur les expériences de mort imminente, les *near death experiences*. Il est le premier à avoir mis en lumière ce phénomène dans son livre paru en 1975, *La Vie après la vie*. En janvier 1991, raconte le docteur, il en aurait lui-même fait l'expérience, qui aurait contribué à le rendre plus honnête vis-à-vis de son travail et de lui-même. Il affirme qu'un homme qui a lui-même été un patient devient un meilleur médecin.

QU'EST-CE QUE C'EST ?

Les expériences de mort imminente sont déclenchées lors d'épisodes singuliers mettant la vie en danger, lorsque le corps est blessé par un traumatisme contondant, une crise cardiaque, une asphyxie, un choc, etc. Entre 6 et 20 % des personnes ayant subi un coma ou un arrêt cardiaque racontent avoir vécu ce type d'expérience.

Les techniques de réanimation s'étant améliorées, de plus en plus de rescapés de la mort relatent un voyage extraordinaire qui se déroule dans les premiers instants du décès. Ces récits décrivent souvent un corps endommagé laissé derrière, la rencontre d'un royaume au-delà de la vie quotidienne, sans les contraintes habituelles de l'espace et du temps. Ces expériences de nature mystique, puissantes, peuvent conduire à une transformation permanente de la vie de ces survivants.

UN VOYAGE MYSTIQUE

Quelles que soit leur origine sociale et leur profession, qu'ils aient la foi ou qu'ils soient athées, les voyageurs de l'au-delà décrivent presque toujours la même expérience. Le corps se soulèverait au plafond avant de quitter la pièce. Il traverserait alors un tunnel à une vitesse vertigineuse, rencontrerait des êtres chers défunts, une lumière blanche, puis reviendrait, contraint, dans le corps physique avec ses souffrances.

Si chaque thanatonaute, en grec «navigateur de la mort», n'expérimente pas forcément toutes les étapes de ce périple astral, tous reviennent avec la certitude que la mort n'existe pas. Après cette expérience, la peur du décès disparaît. Chaque explorateur de l'au-delà entame une profonde mutation spirituelle qui n'est pas nécessairement évidente à vivre dans une société matérialiste. La peur de l'incompréhension, voire de l'internement psychiatrique, les contraint encore trop souvent au silence.

ET LA SCIENCE DANS TOUT ÇA ?

Depuis les dernières décennies, des neurologues tentent de résoudre cette anomalie à partir du savoir scientifique. En 2006, des chercheurs suisses affirmaient que les expériences de mort imminente proviendraient de perturbations d'un processus complexe de coordination qu'ils localisent dans le cerveau. Selon eux, la représentation corporelle est troublée lorsque l'on stimule électriquement la jonction temporo-pariétale, située au-dessus et en arrière des oreilles. À ce moment, le cerveau génère une image délocalisée, comme projetée sous le corps, en face de lui ou derrière lui. Dans les deux premiers cas, les personnes reconnaissent encore leur propre image. Toutefois, dans le dernier, elles ressentent une présence autre, parfois sombre et menaçante.

Sur le sujet, le scientifique Jean-Claude Ameisen déclare : « **Les expériences dites de mort imminente nous apprennent beaucoup sur les modalités de fonctionnement surprenantes de notre cerveau et de notre conscience dans des situations de stress extrême, mais il s'agit d'expériences de vie vécues par des vivants et je ne pense pas qu'il nous dise quoi que ce soit sur l'après, sur la mort.** »[9] De quoi démystifier un formidable voyage.

VOILÀ CE QU'EST L'EXPÉRIENCE DE MORT IMMINENTE !

9 *La Sculpture du vivant. Le suicide cellulaire ou la mort créatrice*, Jean-Claude Ameisen, Points, 2003

SOCIÉTÉ

LE TRANSFUGE DE CLASSE

On entend souvent l'expression « l'ascenseur social est en panne ». Cela signifie qu'il est difficile, voire impossible d'évoluer individuellement dans nos sociétés. Mais il existe un terme pour qualifier celles et ceux qui parviennent tout de même à prendre cet ascenseur : on parle de *transfuge de classe*, ou *transclasse*. Une situation qui est parfois difficile à vivre.

C'EST QUOI, UN TRANSCLASSE ?

Pour comprendre ce qu'est un transfuge de classe, il faut d'abord s'intéresser à la notion de «classe sociale». Elle repose sur l'idée que notre société est divisée et hiérarchisée selon différents groupes : les classes populaires ou ouvrières, les classes moyennes et les classes bourgeoises ou privilégiées. On considère qu'il est très difficile de changer de classe sociale. À titre d'exemple, 20 % de la population française est ouvrière, mais moins de 2 % des étudiants de l'École normale supérieure sont filles ou fils d'ouvriers : ce sont des transfuges.

On parle d'«ascension sociale» pour une personne née dans un milieu modeste et qui accède aux classes supérieures. L'inverse est aussi possible : c'est alors un «déclassement social», par exemple pour une personne bien née qui aurait dilapidé son héritage. Ce thème a été exploré à maintes reprises dans la littérature avant d'intéresser les sociologues, à l'image du travail de Pierre Bourdieu. Ces scientifiques ont inventé le concept de transfuge de classe en s'intéressant principalement à celles et ceux qui ont grimpé l'échelle sociale.

CHANGER DE CLASSE SOCIALE

Plusieurs possibilités existent pour changer de classe sociale : à travers les études, un travail, à la suite d'un mariage, d'une expatriation… Les causes peuvent être nombreuses. On peut penser à certaines célébrités qui ont connu ce genre de parcours : comédiens, footballeurs, intellectuels, écrivains… Ce sont des personnes qui évoluent soudainement dans un milieu bourgeois et qui en adoptent les codes.

Les transfuges évoquent souvent un sentiment de honte qui les habite : celle de ne pas pouvoir se fondre totalement dans leur nouveau milieu social, mais aussi d'être perçu comme un traître par sa classe d'origine. Et cette situation peut être problématique au point qu'elle peut entraîner des souffrances psychologiques, que le sociologue Vincent de Gaulejac appelle des «névroses de classe».

UNE MOBILITÉ SOCIALE RALENTIE

La vision «American Dream», ou méritocratique de la société, porte l'idée que ces transfuges peuvent être fiers de leur parcours : ce sont des «self-made man/woman», c'est-à-dire des personnes qui se sont construites elles-mêmes par mérite. Et, en effet, puisqu'elles y sont arrivées, elles constitueraient la preuve par excellence que tout est possible et que chacun est responsable de son destin. Si bien que se proclamer *transclasse* devient presque tendance, quitte à mentir un peu sur ses origines sociales.

La réalité est pourtant moins glorieuse : l'augmentation de la mobilité sociale ralentit depuis les années 1990 en France. Les inégalités de niveaux de vie sont d'ailleurs reparties à la hausse depuis 2018. Et l'Observatoire des inégalités craint que la crise de la Covid-19 n'aggrave encore l'écart entre les plus riches et les plus pauvres.

VOILÀ CE QU'EST LE TRANSFUGE DE CLASSE !

TECH

LE *DOOMSCROLLING*

Plus les nouvelles sont mauvaises, plus on a tendance à consommer l'actualité en scrollant à l'infini sur nos applications, c'est-à-dire en faisant défiler sans interruption des contenus sur nos écrans. Les Américains ont donné un nom à ce phénomène : le *doomscrolling*. Et, spoiler alert : ce n'est pas très bon pour notre santé mentale.

Tout utilisateur de Twitter, Instagram ou Facebook connaît ce phénomène. On ouvre l'application un peu automatiquement et on se fait happer par le fil de news. On *scrolle*, c'est-à-dire qu'on descend sans cesse dans l'infinité de publications. Dans le cas d'une actualité riche et anxiogène, il est encore plus difficile d'en sortir. En 2018, le terme *doomscrolling* est apparu sur Twitter pour caractériser cette situation – *doom* signifiant « la ruine », « la destinée tragique ».

LE SCROLL DE L'ENFER

Le phénomène a été décrit par le magazine d'affaires *Fast Company* et rapporté en français par le média *ADN*. Dans des périodes de crise comme celle de la Covid-19, ou des manifestations contre les violences policières, des attentats ou des mauvaises nouvelles climatiques, nous aurions besoin de donner du sens au monde qui nous entoure. Pour obtenir des informations, nous nous tournons naturellement vers les médias et, aujourd'hui, vers les réseaux sociaux tout particulièrement.

Le problème avec ces derniers, c'est que toutes ces informations nous arrivent sans tri préalable. Impossible pour notre cerveau de hiérarchiser et de créer un récit cohérent. D'autant que les algorithmes ont tendance à nous enfermer dans une bulle de mauvaises nouvelles nous obligeant à rester connectés. Enfin, le piège ultime réside dans le *scroll infini* : si un journal papier ou un JT se termine à un certain moment, le fil d'actualité de nos réseaux, lui, n'a tout simplement pas de fin.

LE MORAL EN CHUTE LIBRE

Le *syndrome du grand méchant monde* (« Mean World Syndrome »), inventé par le sociologue américain George Gerbner, est décrit depuis les années 1970. À cause des contenus violents que nous pouvons découvrir à la télévision, nous avons tendance à imaginer le monde plus dangereux qu'il ne l'est réellement.

C'est le même fonctionnement pour le *doomscrolling* : le monde extérieur devient hostile et génère, au mieux, quelques angoisses, au pire des dépressions. D'ailleurs, dès le début du confinement, durant la crise sanitaire de 2020, des psychologues ont lancé des appels pour nous inviter à nous couper de l'actualité plusieurs heures par jour.

CHACUN SA STRATÉGIE ANTI-SCROLL

C'est une réalité, pourtant, que nous avons besoin de nous informer. Et, sur ce point, les réseaux sociaux ont été essentiels, par exemple pour l'organisation des manifestations contre les violences policières. Des études ont d'ailleurs prouvé qu'utilisés de manière responsable, les réseaux peuvent avoir des effets positifs sur la santé mentale. Il faut donc définir sa propre stratégie afin d'éviter de tomber dans un trou noir de *doomscrolling*.

Cela peut passer par le choix de trois moments précis dans la journée durant lesquels nous prenons connaissance de l'actualité, avant une déconnexion totale. On peut aussi préférer les newsletters organisées et ponctuelles au capharnaüm des réseaux sociaux, ou encore utiliser le mode noir et blanc pour éviter d'être hypnotisé par les couleurs chatoyantes d'Instagram. Faire le tri ponctuellement dans la liste de personnes que vous suivez peut être bénéfique. L'occasion, peut-être, de s'abonner au profil de la journaliste Karen O sur Twitter, qui fait un post par jour pour rappeler à ses twittos de se déconnecter.

VOILÀ CE QU'EST LE *DOOMSCROLLING* !

ENVIRONNEMENT

L'INCENDIE ZOMBIE

Dans le sol, sous la glace, la braise peut survivre. C'est le constat inquiétant de plusieurs chercheurs, après une étude menée dans l'Arctique. Tout là-haut, au pôle Nord, les « incendies zombies » sont des feux de forêt qui se cachent pendant l'hiver, pour mieux renaître au printemps. Une menace pour les forêts boréales, et donc pour le climat.

C'EST QUOI CONCRÈTEMENT ?

Quelques chercheurs et gardes forestiers évoquent depuis plusieurs années le phénomène des incendies zombies, ou «incendies hivernants». Mais c'est une étude publiée dans la revue *Nature* en 2021 qui révèle son ampleur. Quand l'hiver arrive dans les terres arctiques, c'est-à-dire en Alaska, dans le nord du Canada, ou en Sibérie, les feux de forêt disparaissent des écrans radars. Mais quelques foyers couvent sous la neige, malgré des températures allant jusqu'à – 40 °C. Ils ne meurent pas, et réapparaissent au printemps. C'est grâce aux images satellites et aux algorithmes, en repérant des feux qui apparaissent à l'intérieur de zones déjà touchées avant l'hiver, que nous sommes parvenus à les répertorier.

COMMENT EST-CE POSSIBLE ?

Comment le feu peut-il résister au froid et à la neige et au gel ? Sous la glace, il y a ce qu'on appelle la tourbière. Il s'agit d'un sol riche en matières organiques et en oxygène, le combo parfait pour la combustion. Le tout est recouvert d'une couche de mousse et d'aiguilles d'épicéas, qui forment une sorte de barrière contre l'eau et le froid de l'hiver. De manière plus générale, les incendies zombies seraient favorisés par trois facteurs : des étés très chauds, des incendies larges en superficie et des sols brûlés en profondeur.

Et le réchauffement climatique ne devrait rien arranger. C'est toute l'inquiétude autour des incendies zombies. Bien qu'en général, ils représentent moins de 1 % des surfaces brûlées, ce chiffre peut augmenter à près de 40 % les années de grandes chaleurs. L'été 2020 a par exemple été particulièrement marquant en Sibérie : des températures avoisinant les 40 °C, de nombreux feux de forêts... La question est alors de savoir s'il s'agit, dans ce cas, d'incendies zombies. Et, derrière elle, une autre interrogation : réapparaîtront-ils dans les semaines à venir ?

LA RÉTROACTION CLIMATIQUE

Le problème, c'est que ces incendies brûlent les réserves de carbone et libèrent des gaz à effet de serre, aggravant encore le réchauffement climatique et, donc, la probabilité de nouveaux incendies. C'est ce qu'on appelle la «rétroaction climatique», un véritable cercle vicieux.

En 2020, les incendies ont ainsi émis 244 millions de tonnes de CO_2, l'équivalent des émissions annuelles de l'Espagne. Le 20 mai, on apprenait aussi que l'Arctique se réchauffe trois fois plus vite que le reste de la planète, avec des conséquences dramatiques pour la faune, la flore et les 4 millions de personnes qui y vivent. Quant au reste de la planète, elle est atteinte par l'élévation du niveau des mers.

Pour éviter que le futur ne tourne au film catastrophe, avec des zombies de feux détruisant l'humanité, il est urgent de protéger les forêts et de réduire les émissions de gaz à effet de serre.

VOILÀ CE QU'EST L'INCENDIE ZOMBIE !

CULTURE

LE CANULAR LE PLUS ÉPIQUE DE L'HISTOIRE

Le soir d'Halloween 1938, à 20 heures, la radio américaine CBS interrompt ses programmes pour un flash d'information spécial : une série d'explosions viendrait d'être observée à la surface de Mars et, plus dingue encore, on aurait vu apparaître un vaisseau spatial dans le New Jersey.

L'EFFET « PANIQUE »

« **Une forme voûtée s'extrait de la fosse,** entend-on à la radio. **Je parviens à distinguer un faible rayon de lumière sur un miroir. Qu'est-ce que c'est ? Un jet de flamme vient de jaillir du miroir et bondit droit vers les hommes qui s'avançaient ! Ils sont frappés de plein fouet ! Oh mon Dieu, ils viennent de prendre feu !** »

Les journalistes semblent alors dépassés. Le standard de la radio est acculé par les auditeurs qui s'empressent de vérifier l'information. C'est l'effroi dans des dizaines de villages du pays ; les gens seraient devenus hystériques et se seraient mis à courir partout dans les rues. En vérité, il n'y a pas eu un seul Martien dans cette équation, mais seulement un véritable mouvement de panique aux États-Unis en une soirée. Ce n'était rien d'autre qu'un vertigineux mille-feuille de manipulation.

LA GUERRE DES MONDES EN MODE RÉEL

Qui était derrière ce canular ? Personne d'autre que le tout jeune Orson Welles, âgé alors de 23 ans, entouré de sa troupe de théâtre. À l'époque, le jeune artiste n'a pas encore atteint la célébrité qu'on lui connaît aujourd'hui. Il est depuis un mois l'animateur d'une émission sur CBS qui éprouve des difficultés à décoller.

Mais, pour Halloween, il a une idée : adapter le roman *La Guerre des mondes*, du fameux écrivain britannique de science-fiction H. G. Wells, sous la forme de bulletin d'informations et de reportage. Mises en scène, bruitage et musique viennent ajouter du piquant au programme. Mais le projet dérive, et l'émission est finalement interrompue par la police. CBS, elle, sera tenue responsable de cette panique et condamnée à payer presque 1 million de dollars.

LA LÉGENDE D'UNE LÉGENDE

Cette histoire, c'est celle que les journaux papier de l'époque ont racontée. Mais la vérité est tout autre, car la mascarade organisée par Welles n'a finalement pas pris de telles proportions ! Les médias ont monté l'anecdote en épingle. L'objectif : outre des titres efficaces, voire des unes attirantes, c'est surtout l'occasion de discréditer leur nouveau concurrent direct, à savoir le support radio. À la fin des années 1930, c'est un média tout frais mais très excitant pour le public. Et pour cause, il introduit la notion du direct, permettant de suivre l'actualité en temps réel. L'engouement ne s'est pas fait attendre : deux foyers sur trois possèdent déjà un poste.

La presse écrite profite ainsi de cette anecdote de Martiens pour montrer que les animateurs, derrière leur micro, ne sont pas en mesure de raconter l'actualité avec la rigueur et la fiabilité de vrais professionnels. Pire, ce support pourrait même conduire à une manipulation des foules. Il faut dire qu'à l'époque, la confiance du public envers les médias est sans faille.

Comment cette légende urbaine s'est-elle construite ? Certains scientifiques se sont rapidement emparés du sujet pour l'étudier, avec plus ou moins d'objectivité. Et l'histoire, pendant ce temps, poursuit son petit bonhomme de chemin, passe d'une oreille à l'autre, prenant des proportions de plus en plus ubuesques : le récit d'auditeurs terrifiés par une invasion fictive d'extraterrestres naît ainsi. Et CBS elle-même continuera de surfer sur le buzz.

La réalité, c'est que l'émission de Welles n'aurait pas été tant écoutée que ça, CBS ne l'ayant même pas diffusée sur l'intégralité du territoire. Mais le jeune homme aura tout de même donné une bonne leçon à tout le monde : il faut toujours se méfier de ce que l'on nous raconte, quelle que soit la source.

En l'espace d'une nuit, il est devenu célèbre dans le monde entier, et Hollywood lui a rapidement ouvert ses portes. Le plus grand canular aurait créé une étoile du cinéma ? Rien n'est moins sûr.

VOILÀ QUEL EST LE CANULAR LE PLUS ÉPIQUE DE L'HISTOIRE !

SOCIÉTÉ

LE TOKÉNISME

Le tokénisme vient de l'anglais *tokenism*, qui désigne les efforts symboliques des entreprises dans le but d'inclure des personnes issues de groupes minoritaires, sans justifier ce choix, ni lui donner un contexte.

C'est donc une ruse employée pour ne pas être accusé de discrimination. Ainsi, le représentant de l'entreprise pourra toujours répondre aux plaintes en plaidant être progressiste par l'inclusion ponctuelle de femmes, de jeunes, de personnes LGBT ou racisées. Mais, dans la réalité, cette pratique consiste à utiliser des individus comme s'il s'agissait de jetons, dans le but précis de cacher une triste réalité.

TOKÉNISME ET PLAFOND DE VERRE

Le concept se popularise aux États-Unis dans les années 1950, en pleine ségrégation raciale. En 1963, Malcolm X est interrogé par un journaliste qui lui explique que la lutte pour les droits civiques a déjà permis plusieurs victoires. L'activiste lui répond alors : «**Quels gains ? Tout ce que nous avons obtenu est le tokénisme : un ou deux noirs ont eu un travail pour que les autres restent silencieux.**»

Un an plus tard, Martin Luther King est le premier à véritablement explique ce terme, dans son livre *Why We Can't Wait*. Il détaille la notion pour faire comprendre que le tokénisme est une illusion et qu'il participe à une acceptation minimale des personnes afro-américaines dans la société états-unienne de l'époque.

Le principe est le même lorsqu'une entreprise place une femme à sa tête alors que l'ensemble des échelons inférieurs sont composés par des hommes. Dans ce cas, la personne n'est pas choisie pour ses compétences. Cette stratégie peut viser à redorer l'image de la boîte, si elle se trouve dans une situation délicate. C'est ce qu'on appelle la *falaise de verre* : mettre une personne de sexe féminin à la direction d'une entreprise en crise pour symboliser le changement, tout en sachant que le risque d'échec est élevé. D'autant que cette stratégie peut avoir un effet négatif sur le travail de l'individu concerné, qui n'aura pas envie de s'investir.

QUELLE DIFFÉRENCE AVEC LA DISCRIMINATION POSITIVE ?

Le tokénisme s'apparente plus à du «cache-misère» ou à une diversité de façade. La discrimination positive, elle, vise à favoriser certaines personnes systématiquement écartées pour rétablir une égalité. La série animée *South Park* a traité le sujet de façon satirique par le biais du personnage de Token Black, dont le nom signifie «le jeton noir». Jusqu'à la 16ème saison, il a été le seul enfant afro-américain parmi la bande d'écoliers.

Revenons maintenant à la réalité. Dans les fictions, les scénaristes utilisent souvent un personnage issu d'une minorité ethnique, mais qui ne sert pas vraiment la narration. En 2020, John Boyega, interprète de Finn dans *Star Wars*, a dénoncé le racisme dans le cinéma, dont il a particulièrement fait les frais en acceptant de tourner dans la dernière trilogie. Arrivé en 2015 dans l'Épisode 7, son personnage était présent pendant trois films sans être approfondi. Il a confié son ressenti et son vécu d'acteur noir dans une interview au magazine *GQ* en 2020, jugeant que «l'industrie du cinéma n'était pas prête pour [lui]» : «**Ce que je dirais à Disney, c'est de ne pas amener un personnage noir, de le présenter publiquement comme s'il était important dans la franchise, pour l'écarter ensuite. Ce n'est pas bien.**»

COMMENT ÉVITER LE TOKÉNISME ?

À l'échelle d'une entreprise, il est fondamental de s'engager à adopter un mode de fonctionnement équitable, inclusif et qui accepte la diversité, au quotidien et à tous les échelons. Il faut donc avoir dans les équipes des personnes issues de différents milieux sociaux, d'origines diverses et aux parcours hétérogènes. Cela demande nécessairement une réorganisation et une nouvelle façon de voir les choses pour de nombreuses boîtes.

En 2018, la *Harvard Business Review* a justement proposé une étude sur le fonctionnement de 1 700 entreprises dans huit pays. Le résultat est clair : plus les entreprises prônent une diversité, plus elles sont innovantes, et plus les retombées économiques sont importantes.

VOILÀ CE QU'EST LE TOKÉNISME !

SANTÉ

LE CBD

CBD, c'est l'abréviation de *cannabidiol*, une molécule présente dans la plante de cannabis. Ce n'est pas un psychotrope, elle n'agit donc pas sur le cerveau et ne « défonce » pas, et elle est légale dans de nombreux pays. C'est surtout pour ses bienfaits supposés que le CBD rencontre un grand succès à travers le monde depuis plusieurs années.

LA DIFFÉRENCE ENTRE CBD ET THC

Si le cannabis est interdit dans de nombreux pays, c'est parce qu'il contient une molécule, le THC (tétrahydrocannabinol), qui est psychoactive. Cette dernière agit sur le rythme du cerveau et a ainsi une incidence sur le psychisme, avec notamment des vertus anti-inflammatoires.

Mais dans le cannabis, on trouve aussi du CBD, dont la structure est quasi identique à celle du THC. La différence, c'est que le CBD n'a pas l'effet défonce d'un joint. D'ailleurs, plus la marijuana contient du CBD, moins le THC fait effet sur le cerveau, car il bloque les récepteurs cannabinoïdes.

ACHETER DU CBD

Le CBD est autorisé dans de nombreux pays. C'est le cas en France notamment, et dans une majorité de pays en Union européenne. N'importe quel adulte peut ainsi acheter légalement du cannabis qui contient peu ou pas de THC, et tout un ensemble de produits dérivés : des liquides de vapotage, des huiles, mais aussi des bonbons, des crèmes, des dentifrices, des shampoings et même des traitements pour les animaux…

On pourrait imaginer que, sans les effets psychoactifs du THC, la plante n'aurait plus aucun avantage et n'intéresserait pas grand monde. Mais, au contraire, l'engouement est tel qu'aux États-Unis la croissance attendue du marché est de 700 %. En Europe, des boutiques fleurissent dans toutes les villes. Et, en termes d'âge, la clientèle irait de 30 à 80 ans.

DES VERTUS MÉDICINALES ?

L'intérêt de ce produit repose sur ses prétendues vertus médicinales et relaxantes. La plante, même sans THC, aurait des effets anti-inflammatoires et antalgiques, qui peuvent être efficaces pour lutter contre certaines pathologies, par exemple dans le cas d'un patient touché par la maladie de Crohn. Elle pourrait aussi aider à traiter les psychoses, comme l'anxiété ou l'épilepsie.

Cependant, les études scientifiques manquent et les médecins peuvent difficilement affirmer à quelle dose le CBD aurait réellement des effets positifs. Ce sont donc les marques et les magasins qui profitent de ce flou, en vantant ses mérites sous toutes ses formes, et en vendant de plus en plus.

Aux États-Unis, pourtant, les médecins préviennent les consommateurs : il n'est pas prouvé que 15 mg de CBD dans un café, et encore moins un shampoing au cannabidiol tous les matins, aient un quelconque effet sur la santé.

Enfin, il faut se méfier de ce que les entreprises avancent sur leurs emballages. En 2017, une étude de l'Association de médecine américaine révélait que les taux de CBD étaient sous-évalués ou sur-évalués dans 70 % des cas. À chacun d'entre nous de se faire son opinion, et de décider si la petite tisane du soir est plus efficace au cannabidiol ou à la camomille.

VOILÀ CE QU'EST LE CBD !

ENVIRONNEMENT

LA GÉOPHONIE

Selon l'étymologie grecque *gê*, « la terre », et *phonê*, « la voix », la *géophonie*, c'est tout simplement la musique de la terre. Il s'agit du paysage sonore qui nous entoure depuis et bien avant que nous, humains, n'ayons vu le jour ici-bas. C'est le bruit émis par les éléments naturels, vivants ou non.

D'OÙ VIENT LE CONCEPT DE GÉOPHONIE ?

C'est un compositeur écologiste canadien, Raymond Murray Schafer, qui a défini pour la première fois ce concept dans son livre *Le Paysage sonore*, publié en 1977[10]. Par l'expression *musique de la terre*, le spécialiste fait référence aux sons dans lesquels nous baignons, notre environnement acoustique.

Ce «bruit» est très diversifié. Il peut s'agir, par exemple, de la pluie battante un soir d'automne, ou encore du son du vent qui s'engouffre dans les feuilles d'un chêne, mais aussi du chant des oiseaux à l'aube. Pour Raymond Murray Schafer, le bruit des humains, qui a fortement évolué depuis la révolution industrielle, appartient lui aussi à cet ensemble.

ENTRE POÉSIE ET CHAMP D'ÉTUDE

La géophonie, c'est d'abord une question esthétique : le goût du beau, de l'harmonie naturelle. De nombreux compositeurs se sont ainsi attelés à la reproduire du mieux possible, dans une finalité poétique. Mais la musique de la terre, c'est aussi un champ d'étude qui en dit long sur l'état de la planète.

D'autres spécialistes se sont alors mis à l'étudier. C'est le cas de Bernie Krause, un musicien américain et docteur en bioacoustique, qui est vu aujourd'hui comme un «enregistreur de paysages sonores».

Il a d'abord travaillé avec quelques grands noms de la musique et du cinéma : George Harrison, les Doors, Francis Ford Coppola pour *Apocalypse Now*, Brian De Palma pour *Mission : Impossible*... Et, un beau jour, il décide de troquer ses instruments pour un micro qu'il installe en pleine nature. Il consacrera 50 ans de sa vie à en écouter les sons et réalisera même une pièce sonore, *The Great Animal Orchestra* («Le Grand Orchestre des animaux»), en lien avec un film de Raymond Depardon.

10 *Le Paysage sonore. Le monde comme musique*, Raymond Murray Schafer, Wildproject Éditions, 2010

LA TERRE A PERDU 50 % DE SA MUSIQUE

À travers son exploration, Bernie Krause a fait un certain nombre de découvertes, dont de nombreuses liées aux problèmes environnementaux et aux changements climatiques. Selon le bio-acousticien, la Terre a perdu 50 % de sa musique en seulement 50 ans. La moitié des sons qu'elle émet a disparu, nouvel indicateur de l'extinction des espèces sur la planète. Il a arpenté 15 000 paysages sonores différents, provenant d'habitats naturels dont la moitié n'existent plus aujourd'hui.

En cause : le braconnage, mais aussi des pratiques dévastatrices comme la déforestation ou, plus globalement, le réchauffement climatique. C'est l'activité des humains sur la planète, au sens large, qui a une incidence forte sur ce paysage.

Aujourd'hui, l'Américain a fait de sa passion artistique et de son doctorat scientifique un combat pour l'écologie. Espérons que sa mise en garde ne tombe pas dans l'oreille de sourds.

VOILÀ CE QU'EST LA GÉOPHONIE !

TECH

LE LOGICIEL ESPION

Il est arrivé, à chacun d'entre nous, de *stalker* quelqu'un, c'est-à-dire de chercher des informations sur cet individu, en parcourant son profil sur les réseaux sociaux et sur Internet en général. Mais le *stalking* peut prendre des proportions graves, notamment avec l'utilisation de *stalkerwares*, ces fameux logiciels espions.

Il s'agit de programmes installés sur le téléphone d'une personne, à son insu, et qui transmettent des informations privées à un tiers : contenu des messages, appels, captures d'écran et même géolocalisation, tout y passe.

L'ESPION PAS SI MYSTÉRIEUX

La question en droit de nous tarauder, c'est celle de savoir qui se cache derrière ces logiciels. S'agit-il, par exemple, de la CIA ? Eh bien, pas vraiment. Il s'agirait le plus souvent de personnes mal intentionnées qui souhaitent espionner leur conjoint. En l'occurrence, ce sont plutôt des hommes, d'après un sondage publié par la société antivirus Norton. Et ce phénomène inquiète les associations qui luttent contre les violences conjugales. Le centre Hubertine Auclert, par exemple, note que sept femmes sur dix victimes de ces *stalkerwares* subissent également des violences domestiques.

EST-CE VRAIMENT RÉPANDU ?

Il suffit d'une recherche rapide sur YouTube pour le constater : ces logiciels sont très facilement accessibles, coûtent seulement quelques dizaines d'euros et se font passer pour des programmes de contrôle parental. Concrètement, il faut avoir physiquement accès au smartphone de quelqu'un. L'installation est très facile sur les mobiles tournant via Android, mais les iPhone non plus ne sont pas épargnés. Il est par exemple possible d'acheter un téléphone dans lequel un mouchard a été installé et de l'offrir ensuite à la personne qu'on veut espionner. L'utilisation de ces logiciels aurait augmenté de 67 % dans le monde entre 2018 et 2019, d'après la Coalition contre les *stalkerwares*, qui réunit des entreprises de cybersécurité et des associations de soutien aux victimes. L'organisation propose quelques recommandations pour que chacun de nous puisse vérifier qu'il n'est pas espionné : dans les paramètres du smartphone, consultez la liste des logiciels installés, ou téléchargez un antivirus qui peut détecter ce genre de programme.

QUE FAIRE SI ON EST ESPIONNÉ ?

Réinitialiser le mobile supprime automatiquement le logiciel. Mais l'espion peut en être alerté. Or, il peut s'agit d'un individu violent, aux intentions malveillantes. Pour se protéger et éviter de déclencher des représailles, mieux vaut se faire accompagner et agir au cas par cas. Appeler le 3919, par exemple, pour être mis en relation avec une structure adéquate.

Par ailleurs, l'espionnage ne passe pas forcément par un logiciel. Il est possible d'obtenir beaucoup d'informations sur quelqu'un, simplement en connaissant son mot de passe et en ayant accès à ses comptes iCloud ou Google, par exemple. Dans tous les cas, ces actes relèvent de la violation du secret des correspondances, du harcèlement moral et du délit d'atteinte aux systèmes de traitement automatisé des données, passibles de peines de prison et d'amendes allant jusqu'à 75 000 euros. S'en défendre est donc avant tout un droit.

VOILÀ CE QU'EST LE LOGICIEL ESPION !

CULTURE

LA TRAGIQUE HISTOIRE DE *GODZILLA*

Malgré une sortie tourmentée et des critiques contrastées, c'est *le* film en salles aux États-Unis qui a réalisé la plus belle performance au box-office dès le début de la crise sanitaire, en dépassant les 100 millions de dollars de recettes. Il s'agit de *Godzilla vs King Kong*, quatrième film de l'univers « MonsterVerse » de Warner, qui succède à deux *Godzilla*, et un *Kong Island*. Comme son nom l'indique, le film raconte la rencontre entre Godzilla et King Kong. Mais pour profiter de ce grand spectacle régressif en France, il a malheureusement fallu se contenter d'une sortie en VOD, de fait bien moins spectaculaire et donc beaucoup moins intéressante.

UNE BIEN VILAINE BÉBÊTE

Aujourd'hui, Godzilla est une figure emblématique de la culture internationale. Il a même son étoile sur Hollywood Boulevard. Mais la bête ne pouvait naître qu'au Japon, car ce pays est le berceau de films de *kaiju*, des monstres étranges et souvent démesurés. Et ce, même si c'est bien King Kong, l'immense gorille américain, qui a initié le genre.

À l'origine, Godzilla, designé par Tomoyuki Tanaka, producteur des incontournables studios de la Toho, devait être le croisement d'un singe et d'une baleine. Il n'en a pas gardé beaucoup de caractères. Mais il ne se réduit pas à un gros dragon radioactif qui crache des flammes vertes, ses origines étant loin de l'image stérile que l'on peut en avoir.

UN ÉCHO À L'HISTOIRE DU JAPON

La créature est en réalité l'écho d'un trauma historique pour les Japonais, le fruit des attaques nucléaires subies par le pays. En d'autres termes, c'est un reptile préhistorique frappé par les rayons de la bombe atomique lancée par les Américains.

D'ailleurs, le Japon est encore en deuil et le sujet toujours brûlant quand sort le premier film du monstre, en 1954, devant la caméra d'Ishiro Honda.

Dans cette *catharsis*, la bête est juste méchante et les humains sont victorieux à la fin du film, vengeance indirecte d'un drame bien réel. Mais la vraie gagnante, c'est la folie des hommes. Au moment du dénouement, on comprend que les essais nucléaires se poursuivent et que le drame se reproduira forcément.

GODZILLA SOUS TOUTES LES FACETTES

Depuis cette pierre fondatrice, le contexte historique a tout de même bien changé. Le film a révolutionné le genre et, le succès aidant, verra plusieurs suites lui succéder. Peu à peu, la fonction du monstre devenu icône change. Plus grand, plus fort, Godzilla devra affronter d'autres grosses bestioles venues tout casser, et même des Mechagodzilla (des robots Godzilla) ou des Godzilla de l'espace. Au fil du temps, l'imposant *kaiju* se met donc du côté de l'humanité.

Si ses origines font toujours partie de la matrice du personnage, le lien avec l'histoire du Japon devient plus ou moins ténu au fil des adaptations, même si elles ressurgissent parfois. Mais généralement, Godzilla, c'est juste la nature qui tire la gueule, une sonnette d'alarme qui prend beaucoup de place.

Après tout, la créature revient de loin et a été mangée à toutes les sauces : environ 40 films, la majorité japonais, même si nous n'oublions pas sa confrontation avec Jean Reno dans la version américaine de Roland Emmerich, et autant d'œuvres dérivées sous autant de formes différentes.

VOILÀ QUELLE EST LA TRAGIQUE HISTOIRE DE *GODZILLA* !

SANTÉ

LE BURN OUT

En janvier 2021, en pleine pandémie de Covid-19, une résolution adoptée par le Parlement européen est passée plutôt inaperçue. Elle reconnaît le droit à la déconnexion en dehors des heures de vie professionnelle. En télétravail, et encore plus en confinement, la connexion permanente est devenue une réalité pour beaucoup de salariés et d'indépendants. Rester connecté, mais surtout rester disponible en dehors des heures de travail, peut avoir des effets négatifs, comme de l'anxiété, et aboutir à une dépression. Et dans certains cas, on parle de *burn out*.

L'ÉPUISEMENT AU TRAVAIL

Le burn out n'est pas tout à fait une phase de dépression. C'est un syndrome d'épuisement professionnel, un processus de dégradation du rapport à la sphère professionnelle. L'Organisation mondiale de la santé le définit comme «résultant d'un stress chronique au travail qui n'a pas été géré avec succès». Le terme a émergé en 1975 grâce au psychiatre américain Freudenberger.

L'OMS ne le reconnaît pas comme une maladie, mais comme un phénomène lié au travail. Même chose dans la législation française. D'ailleurs, il n'existe à ce jour pas de consensus autour d'une définition exacte. Selon la psychologue sociale Christina Maslach, trois éléments caractérisent le burn out : une impression d'épuisement émotionnel, des sentiments négatifs liés au travail, voire du cynisme, et une efficacité professionnelle réduite. Des facteurs de risques psychosociaux peuvent aboutir à cette situation. Le rapport Gollac, datant de 2011, en liste six : insécurité de l'emploi, conflit de valeurs, intensité du travail, autonomie, exigences émotionnelles et marge de manœuvre.

LES SIGNES DU BURN OUT

Au travail, il n'est pas toujours évident de reconnaître les signes d'une personne en burn out. Mais certains peuvent nous alerter. Cinq facteurs cumulés ont été mis au jour : des manifestations physiques, comme les troubles du sommeil et la fatigue chronique, une perte ou une prise de poids soudaine, des douleurs à la nuque, au dos, mais aussi des nausées, et différentes manifestations émotionnelles – une humeur triste, une hypersensibilité, un manque d'émotions…

Les manifestations cognitives peuvent également être des alertes, c'est-à-dire une difficulté à se concentrer, à prendre des décisions ou à faire plusieurs choses en même temps. Des comportements interpersonnels sont aussi révélateurs, comme s'isoler socialement, se replier sur soi, ainsi que l'apparition de comportements addictifs. Enfin, on parle de manifestations motivationnelles quand l'individu ne s'investit plus dans son travail et se dévalorise.

La prise en charge est variée et dépend des personnes. En général, le patient se voit prescrire un arrêt de travail pour privilégier un repos indispensable. Des antidépresseurs ou des séances de psychothérapie peuvent aussi être recommandés.

LE BURN OUT HORS DU TRAVAIL

Quand on parle de burn out, on fait en général référence à la sphère professionnelle, mais il en existe d'autres très spécifiques, comme le burn out parental, qui touche en grande majorité les mères. Dans cette situation, les parents se sentent surmenés et incapables de continuer à s'occuper de leurs enfants.

La crise sanitaire a également fortement touché les étudiants et les enseignants, mais aussi les médecins. Une enquête Medscape de 2020 révélait que 49 % d'entre eux présentent des symptômes d'épuisement professionnel. Un burn out peut arriver à tout le monde, peu importe l'âge et la profession.

VOILÀ CE QU'EST LE BURN OUT !

SOCIETÉ

LES SENSITIVITY READERS

Le métier de *sensitivity reader*, « lecteur en sensibilité » en français, a fait son apparition outre-Atlantique vers 2016. L'autrice américaine Keira Drake venait tout juste de publier *The Continent*, l'histoire d'un adolescent pris en étau dans une guerre tribale. Mais, rapidement, les premiers lecteurs ont déploré les descriptions très stéréotypées des personnages : peaux rouges et yeux en amande. L'éditeur du livre a alors décidé d'envoyer l'ouvrage en relecture à des *sensitivity readers* pour une parution plus respectueuse.

EFFACER LES STÉRÉOTYPES

Ces lecteurs bêta avaient pour mission de passer au crible l'ouvrage avant sa sortie, afin de s'assurer qu'il ne présente aucun stéréotype ethnique, religieux ou sexiste. Ils pouvaient ensuite proposer des solutions de réécriture à l'écrivaine, à prendre ou à laisser. C'est ainsi que le métier a vu le jour. Même s'il n'est pas rare que des ouvrages soient relus par des spécialistes avant la publication, cette situation était alors une première dans le monde.

En 2021, France 24 a ainsi diffusé un reportage consacré à cette nouvelle profession. Très vite, philosophes et éditorialistes ont mis en garde contre la censure littéraire et un puritanisme américain.

ENTRE FICTION ET RÉALITÉ

La question est bien de savoir si l'art, de manière générale, n'a justement pas pour rôle de choquer, de bousculer les masses. Et, de fait, il serait regrettable de lisser l'écriture et la création. Mais choquer ne veut pas dire manquer de respect, rétorquent certains auteurs. Sauf que l'enjeu des lecteurs en sensibilité est ailleurs.

En réalité, ce qui interroge, c'est la place de la fiction dans le roman. Quand nous lisons un livre, nous avons besoin d'y croire. Les éléments doivent être suffisamment proches de la réalité afin que nous puissions nous identifier. Il faut donc des éléments réels sans pour autant être caricaturaux.

Dans le genre de l'autofiction, les faits, ou une partie tout au moins, sont vrais. Mais quand les auteurs écrivent sur des personnages dont ils ignorent la réalité du quotidien, les risques de reproduire des clichés ne sont peut-être pas bien loin.

LA MICRORÉVOLUTION DES ÉDITEURS

Pour les éditeurs américains, officialiser ce métier permet d'amorcer un changement dans les représentations. Certains auteurs ont tendance à confiner les personnages noirs dans les rôles socialement dévalorisés. Du point de vue des lecteurs, il s'agit de pouvoir s'identifier à un personnage féminin noir, sans qu'il incarne pour autant la femme de ménage ou la nounou.

Si je suis un petit garçon qui aime la danse, je dois pouvoir m'identifier à des récits de petits garçons qui ne jouent pas uniquement au foot. Si je suis une femme atteinte de handicap, je dois pouvoir ne pas être réduite à un fauteuil roulant.

À titre d'exemple, l'autrice britannique J. K. Rowling a fait les frais d'un bad buzz sur les réseaux sociaux après la sortie de sa nouvelle « L'Histoire de la magie en Amérique du Nord ». Elle aurait repris des stéréotypes racistes et coloniaux, lui valant une déferlante de tweets de lecteurs amérindiens choqués par la réappropriation d'une histoire coloniale.

En France, le métier apparaît timidement dans le monde de l'édition. Martin Page a confié avoir recruté des lecteurs en sensibilité pour sa maison d'édition Monstrograph, celle qui a publié l'essai féministe de Pauline Harmange, *Moi les hommes, je les déteste*.

Pour autant, il semble que cela reste une exception dans le paysage français. En revanche, le site Planète Diversité répertorie plus de 130 *sensitivity readers* ainsi que leurs spécialités : un métier en devenir ?

VOILÀ CE QUE SONT LES *SENSITIVITY READERS* !

TECH

LA SOBRIÉTÉ NUMÉRIQUE

La sobriété numérique est une démarche consistant à réduire l'empreinte écologique dans les pratiques numériques du quotidien. Parce que oui, du smartphone à l'ordinateur, en passant par les réfrigérateurs connectés, le numérique pollue de plus en plus.

UNE CONSOMMATION D'ÉNERGIE QUI AUGMENTE

La transition numérique est souvent présentée comme une solution d'avenir, notamment pour aider à réduire la consommation d'énergie des foyers. Pourtant, telle qu'elle est actuellement mise en œuvre, elle participe au dérèglement climatique, d'après le think tank « The Shift Project », laboratoire de réflexions sur l'empreinte carbone et les énergies fossiles. Dans un rapport publié en 2018, un groupe de chercheurs pointe les effets négatifs du numérique, dont la consommation d'énergie augmente de 9 % chaque année.

Les principaux responsables seraient les pays développés. Un Américain, par exemple, possède en moyenne dix outils numériques connectés et consomme 140 gigaoctets de données par mois. C'est bien loin d'un Indien qui, avec un seul objet numérique en moyenne, consomme sur la même période 2 gigaoctets seulement.

COMMENT UN SMARTPHONE PEUT-IL POLLUER ?

Prendre des photos ou regarder des vidéos sur YouTube serait donc synonyme de pollution. Cette dernière intervient en fait à plusieurs niveaux. D'abord, et en grande partie, c'est la fabrication des objets numériques qui est mise en cause, notamment celle des smartphones, qui accélère par exemple l'extraction de certains métaux polluants et rejette beaucoup de gaz à effet de serre.

Mais, au-delà de la production elle-même, surfer sur Internet nécessite de grandes quantités d'énergie, de manière à alimenter nos appareils ainsi que les serveurs qui stockent les données. Ainsi, les technologies de l'information et de la communication émettraient finalement plus de dioxyde de carbone que l'aviation. Regarder des séries, des films et des vidéos en général, l'une de nos activités préférées, utilise 80 % de la bande passante mondiale.

FAUT-IL RETOURNER À L'ÂGE DE PIERRE ?

Certains experts prônent ce qu'ils nomment la «sobriété numérique». L'expression a été inventée en 2008 par le site français **GreenIT.fr**. Dans le cadre de notre consommation, cela peut consister à réduire la définition, ou à éviter de partager tout son week-end en story sur Instagram ou dans le groupe WhatsApp familial. Cela passe aussi par le nettoyage de sa boîte mail, l'habitude d'éteindre sa box Internet la nuit et de préférer, quand cela est possible, se connecter au Wi-Fi, 23 fois moins polluant que la 4G.

Mais la sobriété numérique s'applique aussi à la consommation : plutôt que d'acheter un téléphone neuf quand l'ancien a un défaut, il faut privilégier la réparation ou en dénicher un d'occasion.

Cependant, pour être efficace, la sobriété numérique doit être portée de manière plus globale par les États et les entreprises. Certains chercheurs pointent par exemple le développement de la 5G ou de la voiture connectée, qui pourraient augmenter encore la pollution numérique. Il ne reste plus qu'à faire converger la transition numérique et la transition écologique dans le même sens.

VOILÀ CE QU'EST LA SOBRIÉTÉ NUMÉRIQUE !

ENVIRONNEMENT

LA ZONE BLEUE

Elles sont au nombre de cinq sur la planète. Les zones bleues, ce sont ces lieux où l'on vit mieux et plus longtemps que la moyenne du reste du monde. On y trouve les plus fortes concentrations mondiales de personnes ayant dépassé les 100 ans.

LES ZONES BLEUES DANS LE MONDE

Le terme voit le jour en 2000, quand l'universitaire italien Gianni Pes et le démographe belge Michel Poulain découvrent la province de Nuoro en Sardaigne. À leur grande surprise, ils recensent dans le village un nombre important de nonagénaires et de centenaires : un habitant sur cinq a en effet plus de 90 ans, soit 20 fois plus qu'en France. Sur une carte, ils entourent alors ces lieux d'un cercle bleu, qui donnera son appellation à ces fameuses zones.

Cette région n'est pas la seule mais, à ce moment-là, les chercheurs l'ignorent encore. Deux ans plus tard, ils lancent un projet, soutenu par la National Geographic Society, et se mettent en quête d'autres regroupements de super-centenaires. C'est ainsi qu'en 2017, cinq zones sont identifiées : la Sardaigne, donc, et sa province de Nuoro, mais aussi l'île grecque d'Ikaria, l'île japonaise d'Okinawa, la péninsule de Nicoya au Costa Rica et la localité californienne de Loma Linda.

LE SECRET DE LA LONGÉVITÉ

La bonne nouvelle, c'est que la longévité s'explique à 10 % par les gènes et à 90 % par le mode de vie, selon le journaliste américain Dan Buettner, auteur de l'ouvrage *Blue Zones : où vit-on mieux et le plus longtemps ?*[11]

Pour atteindre le cap des 100 ans, il vous faut donc d'abord un capital génétique solide. Ce facteur intervient en effet dans la longévité : de génération en génération, certains mécanismes biologiques sont à l'origine de l'augmentation croissante du nombre de centenaires. Au Costa Rica, par exemple, il n'est pas rare de trouver trois ou quatre générations sous le même toit.

11 *Blue zones : où vit-on mieux et le plus longtemps ?* Dan Buettner, Éditions Ça m'intéresse, 2010

LA RECETTE DE LA JEUNESSE

Selon une étude de l'institut allemand Max-Planck, le contact régulier entre les aïeux et leurs petits-enfants permet aux premiers d'améliorer leurs fonctions cognitives, de prévenir le stress et de diminuer les risques de contracter la maladie d'Alzheimer. Dans la zone bleue de Nicoya, 5 % de la population a ainsi passé la barre des 100 ans.

Le lien social s'alimente aussi à table, dans tous les sens du terme : passer du temps avec ses proches, attablés, mais aussi observer un régime alimentaire bien particulier. Dans les zones bleues, les super-centenaires partagent, pour la plupart, une alimentation végétale : soja, céréales entières, oléagineux, légumes secs… Dans ces régions, on est bien à l'abri des produits industriels et des pesticides.

Il faut ajouter à ce régime une activité physique fréquente : les super-centenaires sont nombreux à se déplacer à pied.

À noter tout de même que le concept de zone bleue fait débat. Des chercheurs déplorent en effet que certains facteurs n'aient pas été pris en compte. C'est le cas d'un fait étrange en Italie : les super-centenaires sont concentrés dans les régions les plus pauvres et à la plus courte espérance de vie. Or, on a tendance à observer que l'âge augmente avec le niveau de vie. La définition de la zone reste donc, encore aujourd'hui, partiellement mystérieuse.

VOILÀ CE QU'EST LA ZONE BLEUE !

CULTURE

LES SECRETS LES PLUS FOUS DU MUSÉE DU LOUVRE

C'est le musée le plus visité au monde. Et pourtant, le Louvre a encore bien des mystères enfouis derrière ses façades.

DU CHÂTEAU FORT À LA PYRAMIDE DU LOUVRE

Vous le saviez peut-être : avant d'être un musée ou même un palais, le Louvre était un château fort situé en bord de Seine, à Paris. C'était un lieu ultra-stratégique pour contenir les envahisseurs du Nord. La preuve : si vous vous baladez dans la partie médiévale de l'édifice, vous marcherez en réalité dans les douves de ce fort. Il s'agit du seul lieu préservé par François Ier, en 1527, quand il décide de tout raser pour y faire construire sa résidence, un gigantesque palais.

Les rois lui succédant apporteront chacun leur petite touche, participant à ce maelstrom d'influences architecturales. C'est sans oublier la fameuse Pyramide, commandée par François Mitterrand, président de la République dans les années 1980 et 1990.

Mais revenons juste en arrière, à l'issue de la Révolution française : à ce moment, le palais est déserté. Le Louvre est laissé à l'abandon. Paris, pourtant, doit maintenir son rang de capitale des arts. L'Académie nationale décide alors de transformer une partie seulement du monument en espace d'exposition : la Grande Galerie pourra dès lors accueillir les visiteurs. Il faudra attendre 1993 pour que l'édifice devienne musée à part entière.

Le public qui souhaite se faire une idée de ce que donnait le Louvre en version palais, quand Napoléon III l'utilisait par exemple pour des fonctions d'État, peut encore aujourd'hui visiter les salons de l'empereur.

LA FACE CACHÉE DU LOUVRE

L'endroit dissimule également des espaces mystérieux. Sous le palais, au deuxième sous-sol, un lieu est strictement interdit au public. Il s'agit d'un complexe labyrinthique d'une longueur de 1,5 kilomètre, nommé la voie de desserte. Il est composé d'immenses couloirs érigés pour permettre au personnel de se déplacer plus rapidement entre les différentes ailes du bâtiment, dans le but de bouger les œuvres par exemple. Ces dernières, d'ailleurs, ne sont pas forcément stockées dans le musée, car le lieu est sujet aux inondations.

Le Louvre, c'est 35 000 œuvres exposées, réparties sur plus de 70 000 m² et ses 14 kilomètres de couloirs. Il faudrait au total près de 100 heures pour avoir le temps de contempler chacune d'entre elles. Mais la collection du musée, elle, est huit fois plus grande : environ 265 000 œuvres, de quoi faire tourner de l'œil au plus Arsène des Lupin.

UNE COLLECTION MOUVEMENTÉE

Aucun autre musée au monde ne peut se targuer d'avoir une si belle collection. Pourtant, aujourd'hui encore, l'institution continue d'acquérir des œuvres. Et, pour présenter une offre aussi pléthorique, une partie d'entre elles a purement et simplement été l'objet de pillages dans d'autres pays, en Égypte, en Italie et même en Irak notamment. Napoléon lui-même en aurait volé plus de 5 000 lors de ses croisades. Depuis, certaines ont été rendues à leur pays d'origine.

Mais les pilleurs eux aussi ont été pillés, et la collection a bien failli disparaître durant la Seconde Guerre mondiale, avec les destructions et les spoliations nazies. À l'époque, pour sauver ce trésor, Jacques Jaudart, haut-commissaire de l'administration des Beaux-Arts français, a caché les œuvres dans différents châteaux du Lot. Et, chose incroyable, il est aidé dans cette démarche par un nazi, Franz von Wolff-Metternich, qui découvre le pot aux roses mais décide de fermer les yeux.

Aujourd'hui, l'institution fait tout pour vivre dans l'ère du temps. Les admirateurs du *Da Vinci Code*, par exemple, ou encore de Beyoncé, qui avait privatisé le lieu pour y tourner un clip, peuvent profiter de visites spéciales sur les œuvres et les lieux qui les ont inspirés.

VOILÀ QUELS SONT LES SECRETS LES PLUS FOUS DU MUSÉE DU LOUVRE !

SANTÉ

L'ORGASM GAP

L'*orgasm gap* peut être traduit en français par le « fossé orgasmique ». Précisément, il s'agit de la différence entre l'orgasme féminin et l'orgasme masculin dans les rapports hétérosexuels cisgenres – on parle de *cisidentité* pour qualifier les personnes dont le genre ressenti est le même que celui assigné à la naissance. Concrètement, dans ce type de relation sexuelle, l'*orgasm gap* caractérise le fait que les femmes auraient plus de mal à jouir, ou plutôt n'atteindraient pas nécessairement l'orgasme, contrairement à leur partenaire masculin.

DES RÉVÉLATIONS COUPS DE POING

Des études[12] ont par exemple révélé que 34 % de femmes admettent avoir déjà caché à leurs amis qu'elles ne jouissaient pas avec leur partenaire, notamment chez les jeunes couples. La question de l'orgasme, ou plutôt du manque d'orgasme dans la relation à deux, reste un véritable tabou. Et la volonté de dissimuler un manque d'harmonie sexuelle dans cette équation a en effet déjà poussé plus d'une femme sur trois à mentir à son partenaire quant à la réalité de sa jouissance.

LE PÉNIS DANS LE VAGIN A SES LIMITES

La principale raison qui se dissimule derrière l'*orgasm gap*, c'est le mythe qui entoure l'orgasme féminin. Car 80 % des femmes disent ne pas l'atteindre par manque de stimulation du clitoris. N'en déplaise à Freud, dans le corps féminin, il n'y a pas *deux* types d'orgasmes, l'un clitoridien, l'autre vaginal. Non, l'orgasme féminin vient principalement du clitoris, de sa stimulation interne, et surtout externe.

Ce qu'il faut donc questionner, dans les rapports hétérosexuels normatifs, c'est cette position de l'homme pénétrant et de la femme pénétrée. Le pénis dans le vagin a surtout un intérêt pour la fonction reproductrice des humains, après l'éjaculation et la jouissance de l'homme.

---

12 *L'Orgasme, un tabou dans le couple ?* Enquête IFOP pour Online Seduction, janvier 2019

LA RÉVOLUTION DU PLAISIR EN MARCHE

Le plaisir égalitaire n'est donc pas forcément l'objectif premier derrière ces rapports sexuels : la révolution du plaisir n'a toujours pas eu lieu ! En 1968, il était surtout question de la reproduction. Les femmes ont repris leurs droits sur leur corps pour décider si elles souhaitaient ou non donner la vie. L'avortement et la contraception sont ainsi devenus des outils d'émancipation pour la libération du corps. Aujourd'hui, une nouvelle révolution de la sexualité est en marche, et la fluidité des genres tend un miroir aux femmes hétéro cis, pour questionner leurs propres rapports érotiques et la manière dont ils sont socialement formatés.

Cinquante ans après la libération sexuelle, les femmes sont encore nombreuses à découvrir la jouissance tardivement. Et rien n'est fait pour les aider dans la découverte de leur corps et de ses sensations.

Comment réparer cela ? Il est nécessaire d'enseigner ce qu'est la sexualité, et en quoi consistent des relations sexuelles éthiques et respectueuses. Plus le partenaire a une connaissance approfondie des organes génitaux féminins, en particulier du clitoris, plus les probabilités que la femme ait des orgasmes fréquents sont élevées.

VOILÀ CE QU'EST L'*ORGASM GAP* !

ENVIRONNEMENT

LE GLACIER DE L'APOCALYPSE

Situé en Antarctique occidental, le glacier Thwaites fond à grande vitesse et menace de se décrocher. Il est surveillé depuis près d'un quart de siècle par les scientifiques et a été surnommé « le glacier de l'apocalypse ». Il mesure 600 kilomètres de long et 120 de large, avec une épaisseur de 3 kilomètres, soit 192 000 km². À titre de comparaison, la superficie de la France est d'un peu plus de 640 000 km².

La vitesse de fonte du glacier de l'apocalypse augmente, à cause des flux d'eau chaude qui circulent dans des canaux sous-marins. Le site Reporterre a relayé une étude sortie en 2021, menée par des chercheurs de l'Université de Göteborg en Suède, qui montre que cette quantité d'eau chaude, mesurée grâce à un robot sous-marin, est bien plus importante que prévu.

UNE FONTE QUI NE CESSE D'EMPIRER

La fonte du glacier de l'apocalypse n'est pas nouvelle. Elle remonte à plus de 50 ans dans le passé. Mais l'accélération date de 2002. Depuis, la masse de glace est surveillée de très près par les spécialistes et, pour ce faire, de considérables moyens ont été mis en place. Des satellites chargés de mesurer l'évolution de son épaisseur et sa rapidité de fonte ont été installés dès 1992 dans les environs.

Mais, en 2014, c'est le point de bascule. L'Université de Washington dévoile une étude affirmant que la fonte progressive et continue du glacier devrait aboutir à son effondrement. Impossible de dire exactement quand, mais cela devrait arriver dans un délai de 200 à 1 000 ans. La nouvelle étude suédoise est bien plus pessimiste. « Les années à venir seront cruciales, elles détermineront ce qui arrivera au glacier », a expliqué une enseignante de l'Université de Göteborg au quotidien britannique *The Guardian*. Le délai évoqué est désormais de deux à cinq ans.

Pour rappel, l'Antarctique regroupe 90 % des glaces terrestres, sans aucune trace de population humaine, à l'exception des scientifiques sur site.

LA CLÉ DE VOÛTE DES AUTRES GLACIERS

La désagrégation de la masse pourrait avoir un impact sur les autres glaciers de la région. Gaël Durand, chercheur au CNRS et glaciologue, explique que « Twhaites et le glacier de Pine Island sont la clé de voûte pour les autres glaciers de l'Antarctique de l'Ouest ».

L'un des chercheurs de l'équipe de collaboration internationale étudiant le glacier, Robert Larter, cité par LCI, est encore plus alarmiste : « Ce qu'il se passe dans l'ouest de l'Antarctique est d'une grande importance sociétale. » Et pour cause, sa fonte causerait une accélération importante du niveau des mers, d'environ 65 centimètres. En effet, d'après l'étude suédoise, le glacier serait responsable de 4 % de la hausse annuelle du niveau de la mer à l'heure actuelle.

LA CALOTTE GLACIAIRE SE RÉDUIT

Ce glacier de l'apocalypse n'est pas le seul qui inquiète, et les études se multiplient sur le sujet. On sait désormais depuis plusieurs décennies que le réchauffement climatique est la cause principale de la disparition des glaces. En 2020, la revue *Nature* a publié une enquête révélant que la fonte de la calotte glaciaire du Groenland devient irrémédiable, peu importe les efforts pouvant encore être réalisés. Les scientifiques ne cessent d'alerter sur l'urgence : il faut réduire les émissions de gaz à effet de serre le plus rapidement possible pour éviter des changements climatiques rapides et irréversibles dans les prochains siècles. Parce que, sans glace, il n'y a pas d'habitat naturel pour les espèces vivant dans la région, les ours, les baleines ou encore les oiseaux marins.

VOILÀ CE QU'EST LE GLACIER DE L'APOCALYPSE !

SOCIÉTÉ

LA MISANDRIE

Pendant l'été 2020, un livre dont le titre ne laisse pas indifférent a fait son apparition. Ce n'est autre que *Moi les hommes, je les déteste* de Pauline Harmange. Surprise : les 450 exemplaires de la maison d'édition associative Monstrograph ont été épuisés en quelques jours seulement. Après un tirage de 2 500 exemplaires, le livre est réédité quelques mois après sa sortie aux éditions du Seuil.

Si l'on a tellement entendu parler de ce livre, et donc de la *misandrie*, c'est-à-dire le fait de ne pas aimer les hommes, c'est en partie du fait de l'actualité. Le 31 août, *Mediapart* révélait qu'un chargé de mission du ministère de l'Égalité entre les femmes et les hommes avait menacé la maison d'édition de poursuites pénales et exigé que le livre soit retiré de la vente.

LA MISANDRIE, C'EST QUOI ?

Dans son livre, Pauline Harmange explique les raisons qui l'ont poussée à être misandre. «**Moi les hommes, je les déteste,** écrit-elle. **Tous, vraiment ? Oui, tous. Par défaut, je les tiens très bas dans mon estime.**» Elle définit la misandrie comme «**un sentiment négatif à l'égard de la gent masculine dans son ensemble. Le sentiment négatif en question peut être représenté sous la forme d'un spectre allant de la simple méfiance à l'hostilité**». Pour elle, c'est un «mécanisme de précaution», une réaction au système patriarcal qui régit nos vies.

Les définitions officielles mettent en face à face la misandrie et la misogynie comme s'il s'agissait d'antonymes, ce à quoi s'oppose justement l'autrice. En termes de chiffres, explique-t-elle, les deux cas de figure ne sont pas tout à fait comparables : «**Si la misandrie a une cible, elle n'a pas de victimes dont on égrène le compte morbide. On ne tue ni ne blesse personne, on n'empêche aucun homme d'avoir le métier et les passions qu'il veut.**»

Parmi les exemples qui illustrent son propos, elle rappelle le massacre de l'École polytechnique de Montréal en 1994, où un homme de 25 ans a tué 14 personnes de sexe féminin, tout simplement parce qu'il détestait les femmes. C'est ce qu'on appelle un féminicide de masse. Et, à ce jour, aucun fait d'actualité ne témoigne de l'inverse : pas une femme n'a tué des hommes parce qu'elle les détestait. Considérer la misandrie comme une forme de sexisme, telle que la misogynie, enlève de fait une partie de son essence.

LES SCIENTIFIQUES NE SONT PAS D'ACCORD

Le concept est en réalité difficile à définir en quelques mots, car de nombreuses personnes portées par des idéologies diversifiées se sont approprié le terme. Les experts, qu'ils soient sociologues, chercheurs en sciences politiques ou spécialistes en études de genre, ne sont eux-mêmes pas d'accord sur la définition.

Le Québecois Francis Dupuis-Déri estime que le terme *misandrie* va dans le sens d'un refus de l'égalité entre les sexes. Nathanson et Young l'expliquent, eux, par la volonté de privilégier le point de vue féminin, engendrant *de facto* une diminution des interactions entre les deux sexes. Le sociologue Anthony Synnott, enfin, avançait en 2010 que la misogynie engendre la misandrie, une notion elle-même trop invisible. C'est d'ailleurs une réalité que peu de travaux ont été consacrés exclusivement à ce sujet, et la date même d'apparition du mot n'est pas clairement connue.

ÊTRE MISANDRE ET FÉMINISTE, EST-CE POSSIBLE ?

En observant le militantisme féministe classique, on peut dire qu'affirmer détester les hommes constitue une position radicale. Mais être féministe et misandre à la fois, c'est possible. C'est tout l'objet de débats à l'intérieur même du milieu militant, entre les personnes pensant que les hommes sont nécessaires pour avancer dans ce combat et celles prônant un espace non mixte.

L'autrice explique avoir développé et assumé une hostilité envers les hommes après des années de pratiques militantes, et ce sans cacher être mariée à un homme. En somme : on ne se réveille pas misandre un beau matin ; il est nécessaire de déconstruire les rapports femmes-hommes, les clichés et les inégalités systémiques qui nous entourent.

Et ce n'est pas parce qu'une femme se définit comme misandre qu'elle est aigrie et pleine de colère. Au contraire. Pauline Harmange affirme que «**détester les hommes est notre droit le plus strict. C'est aussi une fête. Je crois que la détestation des hommes nous ouvre les portes de l'amour pour les femmes**». Elle estime qu'en accordant moins d'importance à la gent masculine, les femmes privilégieraient la sororité comme une forme de libération.

VOILÀ CE QU'EST LA MISANDRIE !

TECH

LE NEURCHI

Depuis un peu plus de trois ans maintenant, Facebook se fait envahir par des groupes dont la principale finalité est de faire rire. Chacun de nous peut en voir apparaître dans son fil d'actualité : il s'agit des « neurchis ».

Le terme *neurchi*, en verlan, ne signifie rien d'autre que « chineur ». Il désigne certains groupes Facebook organisés autour de thématiques plus ou moins loufoques, qui rassemblent pour certains des dizaines de milliers de membres. À l'intérieur de ceux-ci, des internautes, pour la plupart âgés de moins de 30 ans, partagent des blagues ou des *mèmes*, courtes parodies visuelles, à fort potentiel viral. Ils donnent, par ce moyen, un vrai coup de jeune au réseau social.

NEURCHI… MAIS DE QUOI ?

Ces groupes francophones rassemblent des dizaines de milliers d'adeptes et, pour beaucoup, participent à une vraie transformation du réseau en *un lieu virtuel du cool*. Il existe des centaines de groupes Facebook de neurchi. Depuis début 2021, on trouve même le « Neurchi de coupe de France du mème », où 40 groupes s'affrontent devant le regard de plus de 70 000 membres.

Les thématiques sont extrêmement variées. On peut y dénicher des classiques du premier degré, comme le neurchi de « Piticha », tout simplement dédié aux chats. Des sujets plus sérieux peuvent également être abordés : des neurchis politiques ou liés à l'actualité, d'autres de faits divers, d'autres encore qui dénoncent le harcèlement, voire même des neurchis d'anarchistes. D'autres sont plus qu'improbables : l'un spécialisé dans l'huile d'olive, un autre sur la psychologie de bar PMU, ou encore le neurchi de LinkedIn et même celui sur Patrick Balkany.

REJOINDRE UN NEURCHI

Un internaute non initié se questionnera sur la facilité ou non de rejoindre ce type de groupe. Or, même si certains restent sélectifs, y participer est finalement assez simple. Il suffit dans un premier temps de demander à y adhérer et de répondre à quelques questions. Les réponses sont soumises aux modérateurs des groupes, qui choisissent d'accepter ou non la demande.

Cette sélection n'a réellement de sens que pour donner l'illusion de faire partie des privilégiés, ou d'être dans un espace restreint et donc sécurisé. D'autant que les membres de certains groupes sont très solidaires entre eux. C'est le cas par exemple dans le neurchi de « Piticha », où l'on compatit fréquemment à la mort des animaux de compagnie d'inconnus et où l'on s'échange les bons plans vétérinaires.

RETOUR DANS LE MONDE RÉEL

Mais tout n'est pas tout rose, dans les neurchis. Il n'est pas rare de tomber sur des publications à caractère raciste, homophobe ou sexiste, sous couvert d'humour. Les débordements sont souvent liés à la modération même des groupes. Les administrateurs ont rarement plus de 30 ans, ils travaillent ou étudient, gèrent jusqu'à plusieurs dizaines de groupes chacun et n'ont pas nécessairement le temps de faire le tri. Ni l'envie, parfois.

S'agit-il d'un phénomène de l'instant, qui laissera rapidement la place à un autre ? C'est toute la question. Mais, en attendant, rire peut aider à traverser des périodes qui peuvent être lourdes, comme une pandémie mondiale. Et leur humour ne va pas sans absurdité et, surtout, sans ironie. Beaucoup de *mèmes* emploient le cynisme, une manière individuelle d'extérioriser, de répondre à des angoisses existentielles. C'est un moyen de mettre la réalité à distance. En outre, les neurchis ont tout même réussi un exploit : celui de ramener de jeunes internautes sur Facebook pour métamorphoser le réseau avec les codes sociaux actuels du web.

VOILÀ CE QU'EST UN NEURCHI !

CULTURE

LA SITCOM

Tous les mois, sur les plateformes de vidéo à la demande, nous avons la possibilité de découvrir de nouvelles ou anciennes sitcoms, dont certaines ont gagné au fil du temps une grande popularité. Pensons à *Brooklyn Nine Nine*, par exemple. Ou à *Friends*.

Mais concrètement, *sitcom*, ça veut dire quoi ? C'est la contraction de deux mots : *situation* et *comedy*, soit sit-com. En français on parlerait plutôt de « comédie de situation ». C'est donc d'abord cet esprit qui signe le genre du programme : il ne faut pas s'attendre à pleurer devant les épisodes. Non, la sitcom se veut résolument drôle. Ce sont des *Malcolm*, *How I Met your Mother*, *The Office*, *The Big Bang Theory* ou encore *H* en France.

DES CODES TRÈS PRÉCIS

Mais la sitcom n'est pas *que* drôle. Elle intègre dans son principe de nombreux codes qui, ensemble, n'appartiennent qu'à elle. En termes de temps de programmation, un épisode durera en moyenne 20 minutes, allant parfois jusqu'à la demi-heure, mais jamais au-delà.

De plus, les lieux dans lesquels les protagonistes évolueront seront limités, et surtout récurrents. Ces espaces auront des décors étudiés au millimètre par la production afin que le spectateur puisse s'y impliquer, s'y sente parfaitement bien et ait envie d'y revenir.

Car la sitcom, c'est avant tout l'illustration du quotidien. Pas de science-fiction dans l'intrigue, ni de situations rocambolesques. Non, vous suivez les péripéties très normales d'un groupe d'individus auquel vous êtes attaché.

Et c'est en cela que le format de la sitcom ne peut dépasser une certaine durée : montrer le quotidien sur un temps trop long pourrait vite devenir ennuyant. Au contraire, en l'espace de 20 minutes, il est possible de caler une journée entière en ne retenant que les éléments importants, de manière à ce que le spectateur n'ait pas le temps de décrocher.

DÉPENDANCE ET *BINGE-WATCHING*

À la fin des années 1990 est née l'expression *binge-watcher*, qu'on pourrait traduire par « faire une beuverie de série ». Concrètement, cela signifie enchaîner les épisodes sans s'interrompre, et durant un grand laps de temps.

Les épisodes d'une sitcom sont justement étudiés pour favoriser le *binge-watching*. Sur les chaînes américaines, elle est habituellement diffusée au rythme de deux épisodes par jour, de manière à créer un véritable rendez-vous avec le spectateur.

Aujourd'hui, les plateformes de streaming changent quelque peu la donne, mais elles gardent cette notion de dépendance à sa sitcom favorite.

DES RIRES ET DE LA POPULARITÉ

La sitcom ne perd pas en popularité car elle ne cherche qu'une chose : provoquer le bien-être. C'est l'esprit *feel good*. Et rien n'est laissé au hasard, tant la qualité des jeux d'acteurs que l'écriture des épisodes qui se rapproche parfois du stand-up en termes de rythme comique. L'objectif : un rire toutes les huit secondes.

Les intrigues intègrent également une petite dose de *drama*, qui permet elle aussi d'impliquer le spectateur : on aime tout simplement ces personnages au caractère très travaillé que l'on voit à l'écran.

Ces figures sont même parfois très proches de caricatures afin que l'on puisse rapidement présager de la manière dont elles vont réagir dans telle situation, créant là encore de la proximité et du comique.

Les rires enregistrés jouent eux aussi un rôle fondamental dans le fonctionnement de la sitcom. La présence du public dans les gradins au moment du tournage est l'occasion, pour les réalisateurs, de tester en direct l'efficacité des scènes. Dans le cas de certaines sitcoms, comme *How I Met Your Mother*, des projections en avant-première sont présentées, durant lesquelles les rires des téléspectateurs sont captés pour être ensuite intégrés au montage. Cette technique permet d'accentuer un peu plus l'efficacité des punchlines de nos personnages. Résultat : nous rions d'autant plus.

VOILÀ CE QU'EST UNE SITCOM !

SANTÉ

L'HIKIKOMORI

Un *hikikomori* est une personne vivant enfermée chez elle et ne prenant plus part à la société. Sur le papier, cette situation paraît tout à fait incroyable. Mais le phénomène, principalement observé au Japon, concernerait tout de même plus d'un million de personnes. Et les autorités locales s'inquiètent de l'augmentation du nombre de ces individus et de leur sort.

***Hikikomori* signifie « se retirer, se retrancher à l'intérieur de soi-même ». La définition officielle du gouvernement nippon est la suivante : c'est une personne ne s'étant pas rendue à l'école ou au travail pendant au moins six mois et n'ayant eu durant cette période aucune interaction sociale réelle en dehors du cercle familial. Les individus concernés ne montrent pas forcément d'autres troubles de la santé mentale et sont rarement suicidaires.**

POURQUOI S'ISOLER DE CETTE MANIÈRE ?

Comment expliquer qu'il y ait plus d'un million de personnes isolées de cette manière ? Les situations diffèrent : cela peut par exemple être dû à un départ à la retraite, une maladie, des problèmes économiques, de relations sociales, de pression familiale, un traumatisme…

Pour le sociologue Teppei Sekimizu, la société japonaise a ceci de particulier qu'elle met l'accent sur les règles communes et que la valeur d'un individu est basée sur sa capacité à se conformer aux règles de la vie en groupe. Les *hikikomori* sont ceux qui n'entrent pas dans ce moule et qui s'isolent.

QUI SONT LES *HIKIKOMORI* ?

Quand on met un nom sur ce phénomène au Japon au début des années 1990, cela concerne surtout de jeunes personnes qui ne parviennent pas à trouver du travail. Mais, depuis trente ans, le phénomène se généralise et on observe autant de seniors que de jeunes *hikikomori*.

Parmi les personnes ayant dépassé les 40 ans en effet, une grosse moitié est isolée depuis plus de cinq ans et un peu moins de 20 % le sont depuis plus de vingt ans. Certains vivent avec leurs parents, qui peuvent être octogénaires, d'autres seuls, jusqu'à devenir des *kodokushi*, c'est-à-dire des femmes et des hommes qui meurent seuls, sans que personne s'en aperçoive, parfois pendant plusieurs mois.

UN PHÉNOMÈNE QUI DÉBORDE DU JAPON

Les *hikikomori* ne sont pas uniquement nippons. Des cas d'isolement semblables ont été observés en Corée du Sud, en Amérique ou en Europe. Mais, à ce jour, le phénomène a surtout été étudié et chiffré au Japon.

Que faire face à ce phénomène ? Des ONG proposent des formations spécifiques à l'attention de ces personnes et des activités pour les inciter à sortir de chez elles. Certaines se regroupent en ligne pour échanger ensemble, voire créer des magazines dédiés aux *hikikomori*. Des *rental sisters*, c'est-à-dire des « sœurs de location », rendent aussi visite à ces ermites des temps modernes pour créer une relation avec eux et les aider à revenir à la vie sociale. Mais sortir de cette situation n'est pas chose facile. Beaucoup d'anciens *hikikomori* ont tendance à revenir à cette vie d'isolement, à laquelle ils ont finalement pris goût.

VOILÀ CE QU'EST UN *HIKIKOMORI* !

ENVIRONNEMENT

LE LABEL « ZÉRO RÉSIDU DE PESTICIDES »

« Zéro résidu de pesticide » est un label, parmi d'autres, assurant au consommateur qu'on ne peut pas détecter de traces de pesticides sur le produit qu'il achète. C'est un genre d'alternative au bio, mais dont les associations pointent les limites pour l'environnement...

POURQUOI LES PESTICIDES POSENT-ILS PROBLÈME ?

Quand on utilise des pesticides de synthèse en agriculture, les résidus de ces substances qui restent dans les produits sont parfois plus toxiques encore que la molécule initiale. En 2019, l'association Générations futures révélait que près des trois quarts des échantillons de fruits testés contenaient des résidus de pesticides, dont près de 3 % dépassent la limite maximale légale.

La plupart des consommateurs en ont partiellement conscience : selon un sondage IFOP/WWF mené en 2017, « **93 % des Français pensent que leur santé est impactée par la présence de pesticides dans leur alimentation** ».

QUI EST RECONNU SOUS CE LABEL ?

Cette utilisation de produits chimiques est la raison pour laquelle certains ont voulu proposer une autre voie : le label « zéro résidu de pesticides », porté par le collectif Nouveaux Champs, né en 2017. Ce dernier revendique sur son site plus de 6 000 producteurs adhérents. Son but : valoriser les bonnes pratiques des agriculteurs.

Pour être reconnu parmi eux, il faut s'engager à limiter l'utilisation de certaines substances et bannir les plus dangereuses. Un laboratoire accrédité analyse ensuite les produits, qui doivent contenir moins de 0,01 mg de pesticide par kilo. C'est la plus petite valeur quantifiable par les scientifiques. Mais personne ne peut garantir qu'il y a absolument zéro résidu de pesticide.

EST-CE MIEUX QUE LE BIO ?

La différence majeure avec le bio, c'est que ce dernier s'engage sur les moyens utilisés, alors que le zéro résidu s'engage sur le résultat. Mais une telle approche pose quelques problèmes. D'abord, les résultats ne sont pas toujours ceux que l'on croit. Un article de *Que choisir* publié fin 2020 révélait en effet que plus du tiers des produits de ce type, contrôlé par la répression des fraudes en 2018, présentait des traces de pesticides au-dessus des 0,01 mg/kg.

Autre problème : même si l'on n'en trouve aucune trace dans le produit fini, cela ne signifie pas nécessairement que les agriculteurs n'ont pas utilisé de pesticides au début de la culture, avant la floraison. Et alors ? Si la santé du consommateur n'est pas en danger, c'est l'environnement qui est menacé par l'emploi de ces produits : rappelons que certains pesticides chimiques menacent en effet les insectes pollinisateurs, les sols et la santé des agriculteurs.

Pour le chercheur Nicolas Munier Jolain interrogé par *Que choisir*, ces labels engagent pour un temps limité, sur une parcelle donnée. Or « **une diminution durable des pesticides nécessite une approche systémique, de long terme** ». C'est ainsi que la nature développe ses propres modes de régulation des ravageurs.

VOILÀ CE QU'EST LE LABEL « ZÉRO RÉSIDU DE PESTICIDES » !

TECH

LA DYSMORPHIE SNAPCHAT

La dysmorphie Snapchat est un trouble psychologique causé par l'utilisation des filtres et autres masques virtuels, sur différentes applications. À force de voir leur visage transformé sur leurs écrans, certaines personnes ont même recours à la chirurgie esthétique pour ressembler à leur « moi virtuel ». Un phénomène qui alerte les chirurgiens esthétiques des pays anglophones.

LA CHIRURGIE ESTHÉTIQUE NUMÉRIQUE

Les années 2010 ont vu la démocratisation de la retouche photo, notamment grâce aux filtres, très simples d'utilisation et à la portée de tous. Ils permettent par exemple d'ajouter des oreilles de chats sur le visage ou des fleurs dans les cheveux. Mais, sans que l'on s'en rende toujours compte, ils lissent aussi la peau, amincissent le nez ou augmentent la taille des yeux. Certains téléphones intègrent même ces possibilités directement dans leur appareil photo.

C'est une espèce de chirurgie esthétique numérique, mais qui peut mener à des envies de changement bien réelles. En février 2018, le Dr Esho, un célèbre chirurgien esthétique britannique, note en effet dans un article du journal *The Independent* qu'auparavant, beaucoup de personnes venaient avec des photos de célébrités auxquelles elles voulaient ressembler. Désormais, de nombreux individus apportent des selfies retouchés. Une expression est alors inventée pour décrire ce phénomène : la « dysmorphie Snapchat ».

DÉVELOPPER UN TROUBLE PSYCHOLOGIQUE

Pour être exact, il faudrait parler de dysmorphisme, un décalage entre la manière dont on perçoit son corps et la réalité. Poussé à son extrême, il provoque une *dysmorphophobie*, un trouble obsessionnel du comportement qui pousse à se focaliser sur une partie du corps perçue comme difforme.

L'utilisation abusive de filtres pourrait alimenter ce trouble et nuire à l'estime de soi. Dans une étude de 2015 menée auprès d'une centaine d'adolescentes australiennes, des chercheurs constatent que celles qui retouchent le plus leurs photos sont également celles qui sont le plus préoccupées par leur corps, et notamment par leur poids. Pour autant, le rapport de cause à effet n'est pas certain : il est possible que les individus qui souffrent de dysmorphisme utilisent davantage les réseaux pour valider leur attractivité.

Certains individus se focalisent ainsi sur certaines parties bien spécifiques de leur corps. À titre

d'exemple, une étude montre que les selfies font apparaître nos nez plus gros de 30 % par rapport à la réalité[13]. Cette déformation pourrait être à l'origine d'un changement de pratique chez les rhinoplasticiens : aujourd'hui, la préoccupation la plus courante du point de vue des patients est l'asymétrie nasale et faciale, alors que la majorité des opérations consistait jusqu'alors à faire disparaître la bosse du nez. 55 % des chirurgiens déclarent ainsi avoir rencontré des patients hommes et femmes qui demandent une intervention en vue de se trouver plus beaux sur leurs selfies[14].

LUTTER CONTRE LE DYSMORPHISME SUR LES RÉSEAUX

Aurons-nous tous un jour des têtes de «filtres Snap» ? *A priori* non, car une majorité de chirurgiens refuse d'opérer les personnes dont l'origine du mal-être reposerait sur la psychologie et non strictement sur le physique, même si ce n'est pas le cas de tous. Les spécialistes réorientent alors ces patients vers des professionnels de santé mentale. À noter : selon la Société française des chirurgiens plastiques, ce phénomène ne serait pas encore arrivé en France en 2020.

Quant aux réseaux sociaux accusés de renforcer ces troubles, ils commencent à prendre des mesures. Fin 2019 en effet, l'entreprise Facebook, propriétaire d'Instagram, a déclaré qu'elle souhaitait que les effets filtres restent une expérience positive et qu'elle condamnerait toutes les dérives liées à la chirurgie esthétique.

VOILÀ CE QU'EST LA DYSMORPHIE SNAPCHAT !

13 *Nasal Distortion in Short-Distance Photographs: The Selfie effect*, *JAMA Facial Plastic Surgery*, vol. 20, n° 4, 2018
14 Une donnée de l'Annual Academy of Facial Plastic and Reconstructive Surgery (AAFPRS), en 2017

SOCIÉTÉ

LA CULTURE DU VIOL

En 2019, l'entreprise de sondages Ipsos a réalisé une enquête pour l'association Mémoire traumatique et victimologie sur les représentations qu'ont les Français du viol et des violences sexuelles. Elle révèle que l'adhésion à la culture du viol persiste : 32 % des habitants estiment qu'« à l'origine du viol, il y a souvent un malentendu ». De plus, 17 % des Français considèrent que beaucoup de femmes qui disent *non* à une proposition de relation sexuelle veulent en fait dire *oui*. Pour rappel, le viol est un crime puni par la loi.

LA CULTURE DU VIOL, C'EST QUOI ?

Valérie Rey-Robert, militante féministe et spécialiste des violences sexistes et sexuelles, propose une définition à cette expression dans son ouvrage *Une culture du viol à la française*[15]. Selon elle, « **la culture du viol est la manière dont une société se représente le viol, les victimes de viol et les violeurs à une époque donnée. Elle se définit par un ensemble de croyances, de mythes, d'idées reçues autour de ces trois items. On parle de "culture" car ces idées imprègnent la société, se transmettent de génération en génération et évoluent au fil du temps** ».

Elle a plusieurs conséquences. D'abord, elle perpétue l'idée qu'il y a des violeurs et qu'il y en aura toujours, qu'il faut leur pardonner parce que leur mode de vie ressemble le plus souvent au nôtre. L'agresseur est parfois un père de famille, un jeune homme carriériste d'apparence charmante… Ce n'est pas nécessairement l'image que l'on peut avoir d'un violeur.

D'après l'étude Ipsos, un Français sur deux pense qu'une personne a plus de chances d'être violée dans l'espace public, par un inconnu. Or, d'après une étude de l'INSEE, 90 % des viols sont commis par des proches de la victime.

LES MARCHES DES SALOPES

Ce phénomène est relativement récent puisqu'il apparaît aux États-Unis dans les années 1970, avec l'émergence des questions liées aux violences sexuelles. On parle de *rape culture*, mais l'origine de l'expression reste inconnue. Selon Valérie Rey-Robert, l'année 2013 a marqué un point de bascule outre-Atlantique. L'expression n'est plus seulement utilisée par les militantes féministes et les universitaires. On la lit dans la presse, et elle finit par être employée par le grand public, notamment aux *SlutWalks*, les « marches des salopes », qui militent contre les violences sexuelles.

Ce mouvement a été lancé au Canada en 2011 à la suite de l'explication d'un policier : selon lui, pour éviter d'être violées, « les femmes devraient éviter

15 *Une culture du viol à la française*, Valérie Rey-Robert, Éditions Libertalia, 2020

de s'habiller *comme des salopes*»[16]. Des milliers de femmes sont alors descendues dans les rues pour répondre à cette attaque : ce n'est pas aux femmes de faire attention à leurs tenues, mais aux hommes d'apprendre qu'il ne faut pas violer ! La déferlante s'est poursuivie a et connu un nouvel élan depuis le mouvement #MeToo.

BONJOUR AUX IDÉES REÇUES !

Dix ans plus tard, le problème persiste. Toujours selon l'étude Ipsos, 42 % des interrogés estiment que la responsabilité du violeur est atténuée si la victime a eu une attitude provocante en public. Ce type d'idée reçue, explique Valérie Rey-Robert, se transmet de génération en génération et est à l'origine de cette culture du viol : du point de vue social, les personnes qui épousent ce principe considèrent les hommes comme dominants par nature, avec des besoins sexuels plus importants que leurs congénères féminines.

La culture populaire n'arrange rien. Certains chanteurs, pour ne citer qu'eux, parlent du viol sans détour : «J'ai envie de violer des femmes», clame Michel Sardou en 1973 dans «Les Villes de grande solitude». Et même Aznavour évoque le sujet sans rougir.

Pour lutter contre la culture du viol, il faut déconstruire la masculinité et repenser l'apprentissage social des hommes dès l'enfance, éduquer par exemple les garçons quand ils soulèvent les jupes des filles à l'école, et sensibiliser les jeunes adultes au viol conjugal, encore très minimisé.

VOILÀ CE QU'EST LA CULTURE DU VIOL !

16 Propos tenus par Michael Sanguinetti, agent de police à Toronto, alors qu'il s'adressait à des étudiants lors d'un forum sur la sécurité organisé à l'Université de York.

CULTURE

FRIDA KAHLO

Ses œuvres sont reconnaissables entre mille. Qui mieux que Frida Kahlo a été l'incarnation du Mexique, en plus d'avoir iconisé le mono-sourcil ? Elle est une artiste majeure du XXe siècle. Sa vie pourtant n'a pas été un long fleuve tranquille ; son art est justement né d'un drame.

DRAME ET PREMIERS AUTOPORTRAITS

Frida passe son enfance entourée de ses sœurs, de sa mère mexicaine et de son père, d'origine allemande. Ils vivent dans une maison bleue, la *Casa Azul*, construite par celui-ci, alors que la révolte contre la dictature en place gangrène les rues de sa ville. La future artiste naît en 1907, date qu'elle fera modifier par la suite pour choisir l'année 1910, début de la guerre civile mexicaine.

Son père est photographe et, très tôt, elle pose déjà devant l'objectif, aiguisant son œil pour ses futurs autoportraits.

En 1925, elle vit son premier drame. Nous sommes le 17 septembre, et Frida a tout juste 18 ans. Elle a une santé fragile, touchée par la polio depuis ses 9 ans. Elle se trouve dans le bus qui la ramène de l'école quand le véhicule percute un tramway de plein fouet. À l'issue de l'accident, la jeune femme se retrouve avec une jambe, la clavicule et deux côtes cassés, l'un de ses pieds écrasés, et surtout le bassin fracturé et la colonne vertébrale brisée en trois endroits. Ses médecins sont persuadés qu'elle n'y survivra pas. Mais c'est mal connaître Frida.

Après plusieurs semaines à rester inconsciente, elle passe de longs mois alitée. C'est durant cette période, depuis son lit, qu'elle commence à peindre des autoportraits, à l'aide d'un miroir accroché au plafond.

Elle se représente alors coiffée de façon moderne et vêtue de tenues sophistiquées. Mais la particularité de ces premières œuvres, c'est sa transformation en figure androgyne, avec une moustache et un mono-sourcil. Elle dessine aussi des larmes et des cicatrices béantes où transparaît sa colonne vertébrale défoncée. Elle retranscrit en fait sa douleur, qui ne la quitte plus depuis son accident. Selon elle, la peinture donne la force de vivre.

LES ANNÉES DE GLOIRE

Plusieurs années après, elle rencontre Diego Rivera, l'artiste le plus en vogue de Mexico. Lorsqu'il voit ses peintures, il est immédiatement séduit et l'encourage à persévérer en lui rendant visite fréquemment. C'est le début d'une grande histoire d'amour entre eux. Frida décrit cet événement comme le deuxième accident de sa vie, après celui du bus. Et cela n'empêche pas « l'éléphant et la colombe », comme on les surnomme alors, de se marier.Leur union pourtant bat de l'aile après un déménagement malheureux aux États-Unis, qu'elle surnomme *Gringolandia*, et les infidélités de Rivera. Ne tenant plus, elle retourne au Mexique, son pays natal.

Communiste depuis sa majorité, elle héberge alors Léon Trostsky, avec lequel elle a une liaison. C'est à ce moment-là que son travail prend de l'ampleur : Frida commence à se faire un nom dans le monde de l'art. Le poète André Breton qualifie son œuvre de surréaliste, même si elle ne s'inclut pas particulièrement dans ce courant. Aux États-Unis, où son style vestimentaire avait déjà fait forte impression lors de son premier passage, elle vend la moitié de sa production lors d'une exposition. Frida, qui contrôle son image comme personne, est devenue une véritable star.

LE DÉCLIN DE LA COLOMBE

Mais les problèmes de santé de Frida ne la lâchent jamais. Elle ne peut mener ses grossesses à terme, et elle doit subir de lourdes et fréquentes opérations. Pour célébrer l'artiste, une exposition en son honneur est présentée[17], à laquelle elle fait une apparition, allongée, depuis son lit d'hôpital qu'elle fait déplacer dans la galerie. Elle est alors incapable de marcher et, quelques mois plus tard, devra se faire amputer de la jambe. C'est dans ce contexte qu'elle peint sa toute dernière toile, composée de pastèques où elle inscrit la phrase *Viva la Vida* («Vive la vie»).

Le 13 juillet 1954, à tout juste 47 ans, la colombe s'envole depuis sa maison bleue, entourée d'une collection vertigineuse d'artefacts locaux accumulés tout au long de sa vie, et d'innombrables miroirs dans lesquels elle passait son temps à se contempler.

VOILÀ QUI EST FRIDA KAHLO !

17 En 1953, Frida Kahlo est transportée sur son lit d'hôpital pour se rendre à l'exposition du photographe Lola Alvarez Bravo

ENVIRONNEMENT

LE CRIME D'ÉCOCIDE

En 2019, 150 citoyens français ont été tirés au sort pour participer à la Convention citoyenne pour le climat. À l'issue de cette assemblée, les membres ont souhaité que l'État reconnaisse le *crime d'écocide*. Cette notion permettrait de condamner les personnes, pays et entreprises qui portent gravement atteinte à l'environnement.

Bien que ce mot ne date pas d'hier, très peu de pays le reconnaissent à travers le monde. Le terme est apparu au début des années 1970 pour dénoncer les dégâts provoqués sur l'environnement par un herbicide, l'agent de couleur orange utilisé par l'armée américaine dans les forêts vietnamiennes.

DE QUOI PARLE-T-ON CONCRÈTEMENT ?

De fait, la définition, très large, mérite d'être expliquée. L'essayiste Valérie Cabanes se bat justement depuis les années 2000 pour que les États reconnaissent ce crime. Dans son livre *Un nouveau droit pour la Terre*[18], elle propose une réflexion sur le sujet. «**Il est important aujourd'hui d'aller au-delà des crimes contre l'humanité,** écrit-elle, **en reconnaissant que de détruire notre maison commune, détruire ses communs planétaires que sont l'océan, les pôles, les forêts primaires sont une menace à la vie des populations présentes, mais aussi des populations à venir.**

D'après l'autrice, le droit actuel oblige à trouver des victimes humaines qui ont vécu au moment où les faits se sont déroulés, de manière à les prouver. C'est pourquoi, par exemple, les enfants qui naissent aujourd'hui avec des malformations ne peuvent pas réclamer justice. Introduire l'écocide dans la loi pourrait permettre de considérer les générations à venir comme des sujets de droit.

POURQUOI CETTE RECONNAISSANCE EST-ELLE SI DIFFICILE ?

À l'échelle européenne, le collectif citoyen «End Ecocide on Earth» («Arrêter l'écocide sur la Terre») s'est formé en 2012 dans le but de faire reconnaître ce phénomène destructeur pour l'environnement. Il souhaite que l'écocide soit considéré comme le cinquième crime contre la paix, après le génocide et le crime contre l'humanité.

Pour étayer le dossier, le collectif cite alors des exemples très concrets, qui ont toujours cours dans le monde : une centrale hydroélectrique dans une rivière autrichienne, l'exploitation d'une mine d'or en Grèce, la fracturation hydraulique, la disparition des abeilles du fait des pesticides, et bien d'autres.

18 *Un nouveau droit pour la Terre*, Valérie Cabanes, Éditions Points, 2021

En France, des députés ont voulu inscrire une définition de l'écocide dans la loi, mais les propositions ont été rejetées en 2019. Le gouvernement avait pointé un manque de précision dans la définition de la notion. En 2020, c'est au tour de la Convention citoyenne pour le climat de remettre le sujet sur la table. Les 150 citoyens choisis au hasard proposent que l'écocide soit défini ainsi : «**toute action ayant causé un dommage écologique grave en participant au dépassement manifeste et non négligeable des limites planétaires, commise en connaissance des conséquences qui allaient en résulter et qui ne pouvaient être ignorées**».

QUELLE PUNITION POUR UN CRIME D'ÉCOCIDE ?

Lors de cette même Convention, les citoyens proposent alors 20 ans de réclusion criminelle et une amende de 10 millions d'euros. Il revient désormais au gouvernement de choisir d'utiliser cette notion d'écocide, ou non. Mais rien n'est simple.

Le collectif «Notre affaire à tous» a salué cette nouvelle proposition, mais d'autres associations et juristes sont plus sceptiques. Le concept de limites planétaires qui est invoqué est encore trop peu défini dans notre droit. De plus, il existe déjà plusieurs lois visant à condamner ceux qui portent atteinte à l'environnement à travers le principe du pollueur-payeur, par exemple, ou dans le cadre de la Charte de l'environnement. Faut-il alors se doter de nouveaux outils pour lutter contre le réchauffement climatique ? Ou les solutions sont-elles déjà entre nos mains ? C'est toute la question.

VOILÀ CE QU'EST LE CRIME D'ÉCOCIDE !

SOCIÉTÉ

LE *PINKWASHING*

Le *pinkwashing* est une stratégie politique et commerciale, consistant pour un État ou une entreprise à se montrer proche des personnes lesbiennes, gays, bi et trans. L'objectif est de renvoyer une image moderne et progressiste. Sur le papier, elle est intéressante puisqu'elle sous-tend un principe de bienveillance. Mais elle dissimule bien souvent des pratiques pas toujours respectueuses des minorités sexuelles et de genre.

UNE COMMUNICATION EN ROSE

En Français, on pourrait traduire *pinkwashing* par « repeindre en rose ». Le terme est inventé au début des années 2000 pour dénoncer les entreprises qui exploitent les campagnes contre le cancer du sein pour se donner une bonne image. Mais, très rapidement, le mot est employé pour critiquer les campagnes de communication de certaines marques ou institutions qui tentent notamment de se donner une image *gay friendly*, c'est-à-dire proche des personnes homosexuelles.

L'un des cas de *pinkwashing* les plus critiqués est celui d'Israël. Le journaliste Jean Stern explique dans son livre *Mirage gay à Tel Aviv* que le gouvernement israélien a consciemment déployé une campagne de communication en direction des personnes LGBTQ à partir de 2008, sous l'impulsion de la ministre des Affaires étrangères Tzipi Livni. Le but : attirer les touristes étrangers homos à Tel-Aviv.

EN QUOI EST-CE UNE MAUVAISE CHOSE ?

À première vue, on pourrait considérer que c'est plutôt bon signe que les institutions se montrent proches des personnes LGBTQ, plutôt que d'être dans une démarche de rejet. Cela pourrait en effet signer un certain progrès sociopolitique. Mais des universitaires et des associations critiquent le double discours qui peut se cacher derrière cette attitude.

Dans le cas d'Israël, par exemple, l'homophobie reste très marquée en dehors de Tel-Aviv. Selon Jean Stern, près de la moitié des Israéliens considèrent l'homosexualité comme une maladie. Et, au-delà des questions strictes de sexualité, le *pinkwashing* permet au pays de se donner une image progressiste à l'international, une manière de s'asseoir sur les critiques quant à sa politique dans les territoires palestiniens.

FAIRE DU PROFIT SUR DES SYMBOLES MILITANTS

Les marques elles aussi ont de plus en plus recours au *pinkwashing*. Il n'est pas rare, durant les périodes des marches des fiertés, de voir les fameux sacs bleus Ikea prendre des teintes arc-en-ciel. Google, lui, rend hommage aux émeutes de Stonewall à New York en 1969. Les paquets de pâtes de Barilla sont décorés de couples lesbiens. En 2018, l'association militante Act Up New York dénonce l'utilisation par Nike du triangle rose, un symbole de la déportation des homosexuels par les nazis, adopté depuis les années 1970 par les activistes pro-gay et anti-sida.

Il est vrai que les symboles n'appartiennent à personne. Mais ce que les associations dénoncent n'est pas tant leur emploi par des entreprises que le but recherché : créer du profit sur le combat de personnes souvent précaires. Et ce alors même que certaines de ces entreprises pratiquent la discrimination à l'embauche, en refusant d'employer des personnes transgenres, par exemple.

VOILÀ CE QU'EST LE *PINKWASHING* !

TECH

LES NFT

Les NFT, *non-fungible tokens*, ou «jetons non fongibles» en français, correspondent à des types de certificats d'authenticité, qui prouvent qu'on est le ou la propriétaire d'une œuvre virtuelle. Concrètement, cela signifie qu'il est désormais possible d'acheter des mèmes, des gifs, des vidéos et même des tweets : une vraie révolution.

UNE MONNAIE NON FONGIBLE

Les NFT sont nés en 2017, dans le sillon d'une nouvelle cryptomonnaie, l'Ethereum, qui repose sur la même technologie que le Bitcoin et la Blockchain. Pour autant, les NFT ne sont pas une monnaie dématérialisée : la différence tient dans leur non-fongibilité. Un Bitcoin est fongible, tout comme un euro l'est : cela signifie qu'on peut les échanger contre quelque chose de même nature et de même valeur, une autre pièce d'un euro ou deux pièces de 50 centimes, par exemple.

Un jeton non fongible est un jeton unique, sans équivalent, et sa valeur est variable, un peu à la manière des œuvres d'art. Et, justement, ces NFT sont souvent utilisés pour acheter des œuvres, pour la plupart numériques, virtuelles.

UN NOUVEAU MARCHÉ DE L'ART

Certains d'entre nous ont déjà regardé les vidéos ou les gifs de Nyan Cat, un petit chat en forme de biscotte qui vole dans l'espace, traînant derrière lui une nuée aux couleurs de l'arc-en-ciel. En 2021, ce mème a été vendu par son créateur pour un demi-million de dollars.

La même année, la mosaïque Everydays, composée de dessins publiés chaque jour sur Internet, a été vendue 69 millions de dollars aux enchères par l'artiste Beeple. Et le fondateur de Twitter, Jack Dorsey, a vendu son premier tweet pour près de quelque 3 millions de dollars. Au total, en 2020, plus de 200 millions d'euros auraient été échangés en NFT.

Pourquoi utiliser la Blockchain pour ce type de vente ? Il s'agit d'une technologie sécurisée, qui enregistre toutes les transactions de manière publique et qui ne peut pas être altérée. Grâce à elle, un NFT est donc validé comme une sorte de certificat d'authenticité inviolable, qui permet de savoir qui est le possesseur d'une œuvre, ou d'affirmer que la copie sur laquelle on a investi est authentique. Cela ne signifie pas nécessairement, néanmoins, que le propriétaire de cette œuvre numérique en détient l'équivalent physique, si elle existe, ou même les droits d'auteur qui, dans la loi, ne peuvent être cédés.

LES NFT : DES JETONS POUR LA SPÉCULATION ?

Pourquoi, dans ce cas, dépenser des millions dans quelque chose que tout le monde peut copier à l'infini et qui n'est pas même exposable chez soi ? La vérité, c'est que les NFT n'inventent rien dans notre rapport à l'art, qui est avant tout social : on achète une œuvre pour soutenir un artiste, pour se distinguer, faire parler, quelquefois par passion, et souvent dans un but purement financier d'investissement. Une œuvre peut en effet être revendue beaucoup plus cher quelques années après son acquisition.

On pourrait en conclure que les NFT servent à la spéculation. Mais ce serait quelque peu réducteur. Beaucoup d'artistes contemporains, qui travaillent sur le web, reconnaissent cette invention récente, qui leur permet enfin de gagner un peu d'argent et de vivre de leur art.

En revanche, des voix s'élèvent et alertent sur l'impact environnemental des NFT et de la Blockchain. Certaines cryptomonnaies produisent en effet beaucoup de gaz à effet de serre. Et, peu à peu, des plateformes de NFT basées sur des cryptomonnaies moins polluantes émergent du web : une manière d'être écolo tout en restant dans l'air du temps.

VOILÀ CE QUE SONT LES NFT !

SANTÉ

LE VACCIN À ARN MESSAGER

La crise sanitaire du coronavirus a mis au jour un tout nouveau vocabulaire jusqu'alors inconnu de la plupart d'entre nous. C'est le cas du fameux *vaccin à ARN messager*, une expression aussi imagée qu'incompréhensible. C'est à l'issue de la réussite des essais cliniques des deux premiers vaccins contre la Covid-19 qu'elle a commencé à être popularisée. Il faut dire que c'est la toute première fois qu'un produit de ce genre est mis sur le marché. Et cette nouveauté n'a pas manqué d'agiter les peurs de chacun.

C'EST QUOI, CE NOUVEAU VACCIN ?

ARN est l'acronyme d'*acide ribonucléique*. Dans notre corps, cette substance transporte l'information contenue dans l'ADN et fabrique des protéines. Les scientifiques n'ont pas encore percé tous ses secrets, mais cela fait des dizaines d'années qu'ils l'étudient et cherchent à l'exploiter en médecine, pour traiter les cancers ou les maladies génétiques notamment. Les analyses sur l'ARN messager dans le corps ne sont pas nées avec l'épidémie de Covid-19, puisque quelques tests de vaccin ont été réalisés avant la pandémie. Mais cette période a accéléré la recherche, d'autant que la fabrication de ce type de produit à grande échelle est plus facile et moins coûteuse que celle de vaccins plus classiques.

QUELLE DIFFÉRENCE AVEC NOS VACCINS TRADITIONNELS ?

Or, justement, quelle est la différence avec les solutions qu'on nous administre habituellement ? Dans le cas d'un vaccin classique, le virus injecté dans le corps est mort, ou affaibli, de manière à ce que l'organisme apprenne à le reconnaître et à produire ses propres défenses contre celui-ci. Avec ce nouveau vaccin, c'est un morceau du code génétique du virus qui est transmis à l'organisme, de manière à ce qu'il apprenne là encore à le reconnaître. Autrement dit, plutôt que de mettre au four un gâteau tout prêt (le virus), on donne au cuisinier en herbe (notre corps) la recette de ce gâteau (l'ARN). Dans le cas spécifique du vaccin anti-coronavirus, le fragment d'ARN injecté est celui qui génère la protéine Spike. C'est elle qui se trouve à la surface du virus et qui lui permet de pénétrer dans nos cellules. Grâce à ce mode d'emploi, notre corps va apprendre à reconnaître cette protéine avant de fabriquer des anticorps pour la bloquer.

EST-IL DANGEREUX ?

À la suite du développement de ce vaccin, certains se sont écriés craindre de devenir des humains génétiquement modifiés. Cette idée fait partie des mythes qui sont en circulation depuis les premières inoculations. Mais d'après les scientifiques qui y travaillent, cette théorie est complètement impossible. L'ARN n'interagit pas avec notre matériel génétique, qui se trouve dans le noyau de nos cellules. Il agit autour, dans ce qu'on appelle le cytoplasme.

Attention, cela ne signifie pas pour autant que les vaccins à ARN sont la solution miracle sans danger. Les tests sont certes rassurants sur le court terme. Et ces vaccins n'ont que des effets secondaires minimes : une petite douleur à l'endroit de l'injection, des douleurs musculaires et de la fatigue les jours qui suivent la vaccination… Mais du fait de la rapidité avec laquelle ils ont été développés, les chercheurs n'ont que très peu de recul sur leurs effets et leur efficacité sur le long terme.

Au moment des vaccinations en masse de millions de personnes, le problème principal était celui du stockage et du transport. Certains de ces produits doivent en effet être conservés à – 80 °C. Notons enfin que le vaccin à ARN n'a pas le monopole du cœur : d'autres reposant sur des techniques plus classiques sont déjà testés et utilisés dans le monde, et notamment en Chine.

VOILÀ CE QU'EST LE VACCIN À ARN MESSAGER !

CULTURE

LA RENTRÉE LITTÉRAIRE

Pourquoi les livres sortent-ils toujours au même moment en France ? En septembre, en effet, les médias ne cessent d'évoquer cette fameuse « rentrée littéraire ». Et, lorsque l'année scolaire démarre, un nombre impressionnant de nouveaux ouvrages débarque sur les rayons des libraires.

UNE RENTRÉE PROSPÈRE

La rentrée littéraire correspond à une période commerciale, comprise entre la fin du mois d'août et le début du mois de novembre. Elle a lieu tous les ans et concentre un grand nombre de parutions littéraires, entre 500 et 700.

La récurrence de ce moment repose sur une réalité économique : historiquement, c'est l'espace de temps le plus prospère du secteur. Et pour cause, comme beaucoup d'autres domaines, les mois précédant les fêtes de fin d'année sont ceux où le plus gros chiffre d'affaires est réalisé.

C'est donc la meilleure saison pour publier un ouvrage littéraire, car c'est celle où l'on parle le plus des livres dans l'année. Ainsi, pour profiter d'un bon bouche-à-oreille et éviter d'embrasser l'anonymat, il vaut mieux rejoindre les troupes à ce moment-là.

À L'AFFÛT DU PRIX LITTÉRAIRE

Le deuxième objectif de cette rentrée vise à respecter le calendrier des prix littéraires. De fait, quand un éditeur publie une œuvre qui peut potentiellement gagner un prix, il entend la rendre la plus visible possible par les jurys. C'est ce qu'on appelle « la culture de l'instant », et c'est valable dans beaucoup d'autres secteurs, comme le cinéma.

La cérémonie des Oscars, par exemple, se déroule fin février-début mars. Il est donc bon de sortir le film quelques mois avant, de manière à ce qu'il soit encore bien dans les têtes au moment de l'attribution. À l'inverse, il n'est stratégiquement pas très intéressant de dévoiler un long métrage en mars ou en avril si l'on vise une statuette.

Le même schéma existe donc avec les livres, où la plupart des prix sont décernés dès la fin de l'été. C'est le cas du prix Goncourt, annoncé début novembre, et du prix Renaudot dont la date varie entre fin août et novembre selon les années.

Ces mêmes prix, une fois attribués, font littéralement exploser les ventes des œuvres lauréates. Car au-delà des annonces dans les médias, qui permettent de profiter d'une communication sur l'ouvrage, un petit bandeau rouge sur la couverture mentionnant l'obtention du prix permet d'asseoir et de faire ressortir le livre dans les rayons.

EN DEHORS DE LA RENTRÉE LITTÉRAIRE

Malgré la récurrence de ce phénomène, tous les livres ne sortent pas lors de la rentrée littéraire. C'est même loin d'être la majorité car, tous genres confondus, la France voit arriver chaque année environ 100 000 nouveaux ouvrages.

Pour se distinguer de cet important flux, la rentrée littéraire distingue un certain type de littérature, les livres qu'on qualifie d'« importants ». Mais, même issus de cette catégorie, certains titres sortent lors de la deuxième vague, en janvier. C'est notamment le cas des auteurs récompensés par des prix littéraires les années précédentes, comme une forme de tradition. On considère, dans ce cas, que l'écrivain ne participe pas aux grands concours mais profite d'un autre moment fort de l'année littéraire moins sujet aux embouteillages.

VOILÀ CE QU'EST LA RENTRÉE LITTÉRAIRE !

SOCIÉTÉ

LA POSITIVITÉ TOXIQUE

Tout se passera bien. Si c'est arrivé, c'est qu'il y a une bonne raison. Ou le fameux *Un de perdu, dix de retrouvés.* Voici quelques phrases que vous avez sûrement déjà entendues. Elles s'appliquent dans tous les contextes : vie personnelle, comme vie professionnelle. Et ces expressions n'ont en réalité que peu d'impact sur la personne qui vit une situation compliquée. C'est ce qu'on appelle la positivité toxique.

PEUT-ON VRAIMENT ÊTRE TOXIQUE EN ÉTANT POSITIF ?

Selon la psychologue Laura Gallaher, qui a évoqué le sujet au *Huffington Post Québec* en 2020, «**la positivité toxique, c'est lorsque nous cherchons activement à supprimer les vraies émotions négatives**». Elle ne part donc pas d'une mauvaise intention. Une personne essaie d'être gentille et bienveillante envers l'autre.

Les experts, pourtant, s'accordent à dire que cette posture n'est pas la bonne à adopter, car ce qui préoccupe la personne qui va mal est souvent réel et légitime. La psychologue poursuit son explication : «**En tant qu'êtres humains, nous ne réagissons pas du tout bien à cela, surtout parce que nous parlons de l'expérience subjective de quelqu'un.**»

SE LAISSER ABSORBER PAR SES PROPRES ÉMOTIONS

Quand les émotions négatives nous submergent, on peut avoir tendance à se sentir honteux. On peut donc redoubler d'ingéniosité pour tout simplement éviter ces émotions. Montrer une joie de vivre exubérante dans ses relations humaines ou via les réseaux sociaux peut même avoir un impact sur la santé mentale.

Andrée-Ann Labranche, doctorante en psychologie à l'Université de Québec, défend cette idée dans un article publié sur le média en ligne *The Conversation*. «**Quand une personne parle de ce qu'elle ressent, le plus souvent, c'est pour valider ses émotions,** explique-t-elle, **c'est-à-dire comprendre et accepter l'expérience émotionnelle. Au contraire, l'invalidation émotionnelle consiste à ignorer, nier, critiquer ou rejeter les sentiments d'une autre personne.**»

Or, si l'on garde trop ses émotions, on peut finir par craquer, car les ressentis négatifs ne s'évaporent pas en quelques instants. Au contraire, plus les émotions négatives s'accumulent, plus le stress va augmenter. «**Il peut y avoir des effets à long terme de la positivité toxique, notamment en encourageant une personne à garder le silence,**» appuie la psychologue clinicienne Heather Monroe à l'édition américaine du *Huffington Post*.

ÉVITER LA POSITIVITÉ TOXIQUE

Comment faire, alors, pour s'éloigner de la positivité toxique ? Il est nécessaire d'apporter une écoute attentive à la personne qui vit un moment difficile, de faire attention à ce qu'elle exprime en évitant de répondre des banalités. Il n'existe pas de mode d'emploi : mieux vaut parfois être dans une communication simple. Écouter la personne raconter son histoire et parler librement en faisant preuve d'empathie sera plus utile et efficace qu'une bienveillance déguisée.

Chacun de nous peut se sentir submergé par la positivité toxique. « Vivre ses émotions est essentiel », rappelle Andrée-Ann Labranche sur *The Conversation*. Il est désormais temps de repenser la positive attitude, car être positif ne signifie pas nécessairement être dans la positivité toxique. Il s'agit simplement de trouver un juste milieu pour ne pas tomber dans la négativité extrême.

VOILÀ CE QU'EST LA POSITIVITÉ TOXIQUE !

TECH

LE *SHADOWBAN*

Et si, du jour au lendemain, votre réseau social préféré faisait disparaître vos publications ? Vous ne seriez pas le premier à avoir subi le *shadowbanning*, ou *shadowban*, c'est-à-dire « le bannissement discret ». Certains politiciens et influenceurs ont accusé Twitter et Instagram d'avoir pratiqué ce type de censure, une manière pour les réseaux de rendre invisibles les publications d'une personne. Et cela peut s'avérer très problématique quand on souhaite profiter de l'influence du web.

D'OÙ ÇA VIENT, LE *SHADOWBAN* ?

Contrairement à ce que l'on pourrait penser, le *shadowban* n'est pas si récent, et n'est pas né avec les réseaux sociaux. Dès les années 1980, sur certains forums, les modérateurs limitaient la visibilité des publications d'utilisateurs jugées désagréables. Mais la pratique a pris un nouveau tournant avec les algorithmes des réseaux.

Aujourd'hui, Instagram, YouTube ou Twitter utilisent cette pratique sans vraiment le reconnaître, de manière à réduire les contenus indésirables : publicités agressives, pornographie ou violence, par exemple. Un utilisateur *shadowbaned* peut continuer à poster sur les réseaux, lit ses propres publications, mais les autres, eux, ne les voient pas. C'est une forme discrète de censure. Tant que l'internaute ne découvre pas le pot aux roses, il ne créera pas de nouveau compte et restera ainsi maîtrisé. En principe.

COMMENT SAVOIR SI ON EST SECRÈTEMENT BANNI ?

Quand un compte perd en visibilité, en audience, donc en likes et en commentaires, cela peut vouloir dire qu'il a été *shadowbaned*. Les raisons restent souvent obscures et les plateformes ne sont pas transparentes sur le sujet. Mais, après analyse, des influenceurs remarquent que l'utilisation de certains hashtags ou l'accumulation de trop nombreux hashtags peuvent provoquer ce type de censure, tout comme le fait de trop liker, commenter, d'interagir avec des comptes violents, ou de poster des photos de personnes dénudées, érotisées ou non.

CENSURE OU MODÉRATION ?

Le problème, c'est que le *shadowban* s'exerce dans des règles très floues. Aujourd'hui, de nombreuses personnes utilisent les réseaux comme outil de travail pour faire leur promotion et vendre des produits ou services, par exemple. Si elles faisaient l'objet d'une censure hasardeuse, elles pourraient bien faire faillite.

Les communautés marginalisées dénoncent aussi cette pratique. Des militants LGBTQ, *body positives* ou antiracistes ont vu leur audience mystérieusement réduite du jour au lendemain. Les algorithmes d'Instagram considèrent que certains contenus sont sexuellement suggestifs si «trop» de peau est dévoilée. La une de *Télérama*, qui dénonçait la grossophobie avec une photo de Leslie Barbara Butch nue, a par exemple été censurée par le réseau social en février 2020.

Enfin, certains élus, comme Donald Trump, sont persuadés de faire l'objet de cette pratique sur Twitter, car des comptes de la droite américaine n'apparaissaient plus dans les suggestions de recherche. D'après les experts de la tech, il s'agit plutôt d'un bug. Mais fin mai 2020, l'ancien président américain Donald Trump a tout de même annoncé vouloir lancer une enquête sur une potentielle censure des comptes républicains. Parfois, les algorithmes ont bon dos.

VOILÀ CE QU'EST LE *SHADOWBAN* !

ENVIRONNEMENT

LES MICROPLASTIQUES

Des petits morceaux de plastique partout dans les océans, dans les sols, dans les animaux, et même dans nos corps... C'est l'invasion des microplastiques, un phénomène récent, mais gigantesque, et dont les conséquences sont peu connues.

UNE POLLUTION À GRANDE ÉCHELLE

Les microplastiques sont des morceaux de plastique d'une taille variant de quelques nanomètres à 5 millimètres. Ils sont composés de polystyrène, polypropylène, polyéthylène : bref, tout un tas de poly-trucs issus de gros objets, de cosmétiques (paillettes, billes exfoliantes...), voire de nos habits synthétiques.

Le problème, c'est que ces microplastiques se répandent partout, à commencer par les océans: 14 millions de tonnes de ces déchets jonchent en effet les fonds marins. On y viderait chaque minute l'équivalent d'une benne de camion poubelle remplie de plastique. Et c'est sans compter ce qui se déverse un peu partout dans les sols.

Aucun endroit dans le monde n'a été préservé, même les régions les plus isolées. Chaque kilomètre carré de l'Antarctique, par exemple, est infesté par 1 000 à 40 000 morceaux de plastique. Et en montagne, c'est la même chose : une vaste étude menée dans les Pyrénées a montré que même à 1 400 mètres d'altitude, à des kilomètres de la première ville, on relevait autant de microplastiques au mètre carré qu'à Paris.

5 GRAMMES DE PLASTIQUE DANS LE VENTRE

Et cela touche également les êtres vivants, à commencer par les animaux: 12 % des poissons d'eau douce en contiennent aux États-Unis. De fait, l'être humain les consomme également. WWF estime que chacun d'entre nous en avale en moyenne jusqu'à 5 grammes chaque semaine. Résultat : aux toilettes, nous déversons près de 1 000 morceaux de plastique par jour.

Cette situation est également liée aux récipients dans lesquels nous stockons ou consommons notre nourriture. Une étude récente[19] a par exemple montré qu'un bébé absorberait chaque jour plus d'un million de microparticules de plastique à cause des températures que supporte le biberon.

---

19 « Microplastic release from the degradation of polypropylene feeding bottles during infant formula preparation », Dunzhu Li, Yunhong Shi, *Nature Food*, vol. 1, novembre 2020

UN RISQUE POUR LA SANTÉ ?

Toute la question est de savoir s'il est réellement dangereux de manger du plastique. Et personne n'est aujourd'hui en mesure d'y répondre vraiment. Depuis une dizaine d'années, des chercheurs s'intéressent de près à cette pollution dans le corps, mais impossible de comprendre encore les effets qu'elle a sur la santé.

En revanche, et aussi étrange que cela puisse paraître, les microplastiques peuvent parfois avoir des effets positifs sur l'environnement. Ils serviraient de socle aux phytoplanctons et aux bactéries qui absorbent les gaz à effet de serre. Mais, en dehors de ce cas, plantes et animaux en meurent, l'écoulement de l'eau dans les sols n'est plus naturel, et la teneur en gaz de ces mêmes sols change, ce qui peut compliquer la vie des agriculteurs.

On parle d'une pollution si large et si importante qu'à terme les conséquences le seront certainement aussi. La pandémie de Covid-19 ne devrait rien arranger : on estime que 129 milliards de masques jetables sont utilisés chaque mois, et ces fameux masques, eux aussi, sont en plastique.

VOILÀ CE QUE SONT LES MICROPLASTIQUES !

SANTÉ

LE SQUIRT

Le *squirt*, ou *squirting*, est communément appelé en français « éjaculation féminine ». Mais aujourd'hui, l'expression fait polémique ; parler d'*éjaculation féminine* peut être considéré comme transphobe : c'est une erreur souvent commise de confondre les organes génitaux et le genre. Une personne se considérant comme un homme et ayant une vulve peut en effet avoir une éjaculation vulvaire et, dans ce cas, on parle d'éjaculation masculine. Le *squirting*, ou l'éjaculation vulvaire donc, est l'émission de liquides par la vulve sous l'effet d'une forte excitation ou d'un orgasme.

DE QUELS LIQUIDES PARLE-T-ON ?

Durant le *squirting*, plusieurs types de liquides sont émis du corps. Il y a d'abord la lubrification classique, puis l'éjaculat et, enfin, un liquide vésical produit par la vessie. Ces trois différents liquides ne sont pas tous sécrétés au même endroit mais principalement au niveau des glandes para-urétrales et de l'urètre.

Sous l'effet de l'excitation, un afflux sanguin se crée au niveau de ces organes, ce qui les pousse à produire du liquide. Parallèlement, la vessie se remplit rapidement sous ce même effet d'excitation. Et le tout finit par sortir au climax de l'excitation.

Attention : ce n'est pas parce qu'une partie du liquide s'extrait de la vessie qu'il s'agit forcément d'urine. L'éjaculat que sécrètent les glandes para-urétrales, en effet, est un liquide séminal. De plus, le liquide vésical, qui sort en plus grande quantité, est tout simplement de l'eau, arrivée dans la vessie sans avoir eu le temps d'être transformée en urine.

LA MÉTHODE POUR SQUIRTER

Sur le principe, toute personne possédant de manière biologique une vulve a la possibilité physique d'éjaculer en *squirting*. Le moyen le plus facile, pour y parvenir, n'est autre que la stimulation du point G.

Cet endroit se situe à l'entrée vaginale. Il est composé d'une zone de la paroi vaginale et de tissus érectiles autour de l'urètre, proche des glandes para-urétrales, juste en dessous de la jonction des racines du clitoris. Il se trouve tout aussi près de la vessie. Il s'agit donc de stimuler toute cette zone en simultané pour arriver à *squirter*. Le plus simple est de mettre les doigts en crochet dans un mouvement vers le haut et vers l'avant.

AIDEZ VOTRE PÉRINÉE

Il existe quelques techniques de « pro » pour faciliter le *squirting* : boire beaucoup aide à atteindre le point culminant. En effet, plus il y a d'eau dans le corps, plus il y aura de liquide à expulser. La sensation sera alors plus intense.

De plus, un périnée tonique aide à contracter et expulser les liquides. Le muscler permet donc de faciliter la stimulation. Enfin, et c'est sans doute le plus important, il faut avant tout essayer de lâcher prise et de traverser le moment dans les sensations, et non comme si l'on suivait un cours d'anatomie.

VOILÀ CE QU'EST LE SQUIRT !

CULTURE

LES CÉSAR

Les César, ce sont les récompenses qui célèbrent les professionnels du cinéma français. Ils sont décernés chaque année, à Paris, à l'occasion d'une cérémonie durant laquelle les lauréats de différentes catégories remportent un prix : meilleur film, meilleur son, meilleurs costumes, meilleur acteur... Ils existent depuis 1976 et constituent les récompenses majeures les plus anciennes de l'histoire de l'audiovisuel français.

UN CÉSAR ÉPONYME

Contrairement à ce que nombre d'entre nous pensent, ces prix n'ont strictement rien à voir avec Jules César. Ils portent en fait le nom de leur créateur, le sculpteur César Baldaccini, décédé en 1999 et connu notamment pour son *Pouce* de 12 mètres de haut.

C'est son ami, le journaliste Georges Cravenne, à l'origine de la création de la cérémonie, qui commandera l'œuvre à l'artiste en 1976. Après un premier essai peu concluant, Baldaccini crée une sorte de bûche en bronze composée d'éléments compressés, d'un coût de fabrication estimé à 1 500 euros. C'est à ce moment que le sculpteur songe à donner son propre prénom au trophée : les César naissent officiellement.

COMMENT SE DÉROULE LA SÉLECTION ?

Pour la sélection des films en compétition, les règles sont claires, mais très strictes. Chaque long métrage qui y apparaît doit durer 60 minutes au minimum, sauf ceux concourant dans la catégorie du meilleur court métrage. Les films ne doivent pas nécessairement être en langue originale française, mais la production, elle, doit l'être majoritairement, excepté pour la catégorie du film étranger. Enfin, ils doivent être sortis entre le 1er janvier et le 31 décembre de l'année qui précède la cérémonie, et avoir été exploités au moins une semaine dans un cinéma parisien.

Une exception existe pour les nommés au César du public qui, eux, sont sélectionnés selon le nombre d'entrées réalisées en salle.

COMMENT SONT DÉSIGNÉS LES LAURÉATS ?

Au cours de cette cérémonie, le public est dans l'ensemble plutôt passif, puisque c'est l'Académie des César elle-même qui choisit par un vote. Ce groupe est composé de plus de 4 959 membres, possédant une expérience significative dans le domaine, et censés représenter au mieux toutes les facettes de l'industrie cinématographique française : techniciens, réalisateurs, producteurs, exploitants, agents, directeurs de casting, attachés de presse des acteurs.

Pour être aidés dans leur tâche, ils disposent d'un guide recensant l'intégralité des sorties cinéma françaises de l'année éligible, lui-même accompagné d'un coffret DVD permettant de regarder toutes ces œuvres.

Ensuite, c'est le moment du vote. Le scrutin se déroule en deux tours, le premier permettant de valider qui sont les nommés, entre cinq et sept selon la catégorie ; le second servant à déterminer qui sont les grands gagnants de chacune de ces catégories, et qui verra finalement son nom dissimulé dans la fameuse petite enveloppe.

VOILÀ CE QUE SONT LES CÉSAR !

TECH

L'ILLECTRONISME

Vous est-il déjà arrivé d'aider une personne à allumer son ordinateur, à chercher une information via un navigateur, à écrire un mail ? Ou encore à paramétrer une option ou une application sur son mobile, voire à lui expliquer ce qu'*est* un smartphone. Ou peut-être vous-même éprouvez-vous ces difficultés au quotidien : envoyer un SMS, transférer une photo, et même remplir certains documents administratifs en ligne devient un véritable challenge. Sans compter le petit-fils qui vous demande si vous avez WhatsApp... Mais c'est quoi, WhatsApp ? Cette situation, c'est ce qu'on appelle l'illectronisme.

UNE SOCIÉTÉ PLUS CONNECTÉE, MAIS PAS POUR TOUT LE MONDE

La numérisation accélérée de la société, mais aussi des services administratifs, n'aura échappé à personne. Et le confinement lié à la crise sanitaire a boosté de manière inattendue cette dématérialisation : télétravail, classe à la maison, achat de courses en ligne sont devenus des activités basiques du quotidien. À l'inverse, la période a également révélé l'isolement dont souffrent les personnes concernées par ce qu'on appelle la «fracture numérique», c'est-à-dire les inégalités d'accès au numérique. L'illectronisme est une forme d'illettrisme qui handicape de nombreux Françaises et Français dans cette situation.

Et cela concerne tout de même un nombre important de personnes en France : 23 % de la population ne serait pas à l'aise avec le numérique, d'après un sondage de 2018 publié par l'Institut CSA[20]. Utiliser un navigateur, envoyer un mail, écrire un CV ou déclarer ses impôts en ligne, par exemple, est loin d'être intuitif pour tout le monde. Il s'agit principalement de personnes âgées, précarisées ou n'ayant pas d'intérêt spécifique à utiliser des outils informatiques. Les conséquences peuvent être sérieuses et causer une perte d'autonomie, un isolement ou exposer ces individus à des risques en termes de cybersécurité.

L'ILLECTRONISME EST-IL SI GRAVE ?

La fracture numérique ne se traduit pas seulement par des risques d'isolement ou de perte d'autonomie. Les personnes dites «illectroniques» ne sont pas suffisamment informées : concrètement, une formation et des acquis leur manquent pour gagner en fluidité sur les outils informatiques.

Elles s'exposent également à des arnaques sur Internet, de cyberdélinquance ou de cybercriminalité. En 2018, le site **cybermalveillance.gouv.fr**, une plateforme du gouvernement, a recensé plus de 28 000 personnes touchées qu'elle a été amenée à accompagner. Les victimes peuvent également trouver de l'aide et une liste de professionnels proches de chez elles prêt à les aider dans ces démarches.

20 « "Illectronisme" : la fracture sociale à l'ère du numérique », Maxime Tellier, www.franceculture.fr, septembre 2019

COMMENT RÉDUIRE LA FRACTURE NUMÉRIQUE ?

Il existe des ateliers, dans de nombreux endroits en France, pour accompagner et aider les personnes volontaires. À Saint-Denis par exemple, l'association Emmaüs propose une antenne dédiée au numérique, Emmaüs Connect, qui est née en 2013 et présente dans neuf grandes villes de France. Ces ateliers, cours ou entretiens individuels proposés aux bénéficiaires visent effectivement à réduire cette fracture.

Mais ce soutien peut se faire à tous les niveaux, et d'abord auprès de ses proches : si vous êtes à l'aise avec le numérique, pourquoi ne pas rendre visite aux membres de votre famille qui seraient en retard dans le domaine ? La solidarité s'exerce aussi de cette manière.

VOILÀ CE QU'EST L'ILLECTRONISME !

SOCIÉTÉ

LA DÉMOCRATURE

Ni vraiment démocratie, ni vraiment dictature, la démocrature est un concept qui a vu le jour en politologie il y a quelques années. Le mot-valise est en réalité une traduction du terme *democradura*. Ce vocable espagnol traduit le lent durcissement d'un régime démocratique vers la dictature.

DE QUOI PARLE-T-ON ?

Pour comprendre le sens de ce terme, il nous faut comparer différents pays. Si l'on prend comme exemples la Russie, le Brésil, la Turquie, et même l'Amérique de Donald Trump, on peut identifier plusieurs étapes similaires dans la construction des régimes politiques. En premier lieu, leurs dirigeants ont été élus d'une manière plus ou moins démocratique : Vladimir Poutine, Jair Bolsonaro ou encore Recep Tayyip Erdogan sont tous sortis des urnes, mais à leur manière. En Russie, par exemple, un savant système d'alternance entre la fonction de Premier ministre puis de président de la Fédération de Russie a permis à Poutine de contourner la Constitution. Il arrive souvent que des chefs d'État modifient d'ailleurs les textes pour pouvoir se représenter sans limites. À Moscou, le régime est allé jusqu'à invalider les candidatures d'ennemis potentiels comme Alexeï Navalny : prison, intimidation, menaces… Tout est bon pour rester dans la course.

Selon la politologue Renée Fregosi, spécialiste de l'Amérique latine, ces régimes partagent aussi ce qu'elle appelle le «justicialisme»[21]. Au nom de la *justice*, un mot fédérateur mais un peu vague, ces gouvernements entendent renverser le pouvoir. C'est-à-dire rendre au peuple ce qui lui revient, faire enfin tomber les puissants, punir ceux qui nous dirigent depuis si longtemps… Ce sont autant d'éléments de langage populistes.

QUELS SONT LES EFFETS D'UN TEL RÉGIME ?

La démocrature n'attaque pas de front les valeurs démocratiques : l'État de droit, la liberté de la presse, les droits fondamentaux des femmes, des minorités… C'est d'ailleurs pour cette raison qu'il ne s'agit pas strictement d'une tyrannie.

Mais la pente est très glissante, la démocrature repose sur le clivage. Elle divise une société. Elle fait porter le poids de tous ses maux sur les uns ou les autres. Pensons par exemple aux théories du complot, souvent antisémites, qui se donneraient comme objectif utopique d'expliquer le fonctionnement de notre monde devenu très complexe.

---

21 *Les Nouveaux Autoritaires. Justiciers, censeurs et autocrates*, Renée Fregosi, Éditions du Moment, 2016

QUELS SONT LES PAYS EUROPÉENS CONCERNÉS ?

Ce type de régime existe ailleurs dans le monde, mais l'Union européenne n'est pas non plus à l'abri des dérives dictatoriales. Pensons à la Hongrie de Viktor Orbán, par exemple. Depuis plusieurs années, le régime crie au complot contre George Soros, un grand philanthrope juif proche des Américains, qu'Orbán accuse de tirer les ficelles dans l'ombre. En conséquence, on perçoit un clivage d'autant plus fort au sein même de la population. Selon plusieurs organisations, comme « Forbidden Colours » à Budapest, et d'après certains gouvernements européens, la Hongrie régresse sur de nombreux acquis démocratiques. À titre d'exemple, le Parlement hongrois a voté en 2021 une loi anti-LGBT qui menace les minorités de genre[22]. Et la démocratie, pendant ce temps, en prend un sacré coup.

VOILÀ CE QU'EST LA DÉMOCRATURE !

22 « La Hongrie adopte une loi interdisant la "promotion" de l'homosexualité auprès des mineurs », *Le Figaro*, juin 2021

SANTÉ

LE HAPPINESS MANAGER

Happiness manager **est d'abord un concept, créé par un Singapourien émigré aux États-Unis. Chade-Meng Tan défend l'idée qu'un manager qui agit avec compassion, en étant humble et ambitieux, sera meilleur dans son métier. Selon lui, il s'agit donc de créer du lien avec ses équipes, de fidéliser et pousser à l'investissement.**

Devenu un métier à part entière, le Happiness manager a vite séduit et envahi la Silicon Valley, et le phénomène a déjà commencé à se déployer en France. Hérités de la culture start-up, ces postes gagnent du terrain puisque désormais la question du bonheur au travail préoccupe toute la structure de la vieille économie.

UN RESPONSABLE DU BONHEUR

Le poste intègre de fait une dimension événementielle et festive, pour garantir notamment la cohésion et le bien-être des salariés. Ce sont les fameux *team buildings*, où les collègues sont invités à participer à des animations. Mais le profil est beaucoup plus large. Partant du postulat que des collaborateurs plus heureux sont plus impliqués et plus efficaces, les entreprises engagent, ou le plus souvent déploient certains postes en interne vers des missions de Happiness manager.

Ces professionnels ont alors deux missions. La première n'est autre qu'assurer une communication interne claire et transparente, pour que les salariés puissent s'exprimer sur leur fonction ou sur les relations au sein de l'entreprise. La seconde est de réguler la tension liée aux évolutions de la charge de travail, par exemple.

Il s'agit d'un statut hybride qui, comme d'autres, permet de dépoussiérer des fonctions de ressources humaines ou de communication interne, dont l'image peut sembler terne ou démodée. L'objectif : remettre l'humain au centre des préoccupations managériales.

UNE RÉPONSE AU BURN OUT ?

L'épuisement au travail est le mal du siècle. Les cas de burn out se multiplient, et de nouvelles formes de mal-être au travail sont nées, du bore out au brown out. Et ce phénomène ne ralentit pas avec la numérisation du monde du travail et les procédures de plus en plus standardisées de contrôle et de reporting.

Dans *L'Écho belge*, le philosophe Mark Hunyadi lance, atterré : « Le régime soviétique n'aurait pas imaginé une chose pareille… S'il faut nommer des personnes pour rendre les gens plus heureux au travail, cela dit bien à quel degré de perte de sens on est arrivé… Cela nous montre aussi combien l'idée d'un travail épanouissant reste une utopie à réaliser. »

Si les boîtes affichent l'ambition de remettre l'humain au cœur de l'entreprise, ou de permettre aux travailleurs d'être plus épanouis, c'est évidemment dans

le but de décupler les performances. Derrière cette image *feel good* et bienveillante des Happiness managers se cache un objectif de rentabilité selon la formule : un salarié heureux est un salarié qui produit plus.

Gilles Raison, le directeur général de Just Eat France, le confirme volontiers : « On n'est pas le Club Med, on est là pour créer de la performance économique. Mais on est persuadés que pour rendre nos salariés plus investis, cela passe par le bien-être au travail. »[23]

DES CRITÈRES DONT S'EMPARENT LES SALARIÉS

Le bonheur au travail serait-il alors une vraie utopie, impossible à atteindre ? La question est difficile mais l'équation n'est pas impossible. Deux critères se dégagent et participent au bonheur au travail. En premier lieu, le sens produit par notre propre tâche ou action, en second la qualité de l'environnement dans lequel on passe la majorité de notre temps.

Ces critères sont devenus primordiaux pour les millennials (les personnes nées après 1980), qui représentent des salariés exigeants, prêts à faire jouer la concurrence entre employeurs. Selon une étude menée en 2017 par l'institut de sondage Viavoice, les millennials accorderaient en effet autant, si ce n'est plus d'importance, à leur environnement de travail qu'au salaire.

VOILÀ CE QU'EST LE HAPPINESS MANAGER !

23 *Le Monde*, 23 mars 2019

ENVIRONNEMENT

LA BIORÉGION

Depuis 2015, la France métropolitaine est divisée en 12 régions administratives, auxquelles s'ajoutent une collectivité territoriale, la Corse, deux régions en Outre-mer, la Guadeloupe et La Réunion, ainsi que trois collectivités uniques, la Guyane, Mayotte et la Martinique. Elles ont plusieurs compétences exclusives, comme les lycées, les transports, la formation professionnelle, le développement économique, la gestion des fonds européens et l'aménagement du territoire.

Mais depuis quelques années, une alternative fait doucement son chemin. Il s'agit de la biorégion, un terme qui a émergé dans les années 1960-1970 en Californie. On doit ce concept à Peter Berg et Judith Goldhaft, deux Américains, militants écologistes radicaux, défenseurs d'une harmonie entre environnement naturel et culture humaine[24].

UNE DÉFINITION COMPLIQUÉE

Les biorégions sont délimitées par des frontières naturelles, suivant le principe que les écosystèmes priment sur l'administratif. Il n'y a pas de définition stricte, le terme étant encore plutôt conceptuel. Mais certains, pourtant, s'y essaient. Selon l'essayiste américain Kirkpatrick Sale, il s'agit d'« un lieu défini non pas par les diktats humains mais par les formes de vie, la topographie, le biotope, une région gouvernée non pas par la législature mais par la nature »[25]. Le philosophe Thierry Paquot, lui, évoque « une mise en interrelation de tout ce qui est constitutif d'un territoire (habitants, conditions, géographiques, climatiques, écologiques), et qui n'a pas une dimension administrative »[26].

UN DÉCOUPAGE ADMINISTRATIF ILLOGIQUE

Pour les défenseurs du biorégionalisme, le découpage administratif n'est pas logique et ne correspond pas aux besoins humains. Il arrive par exemple souvent qu'une chaîne de montagnes, un parc naturel, ou encore une forêt, séparent deux zones. Selon eux, il faudrait plutôt délimiter la région en fonction du bassin-versant, c'est-à-dire un espace géographique où l'ensemble du territoire est drainé par un cours d'eau. Dans une biorégion, il ne faut plus penser à l'échelle globale, mais locale. Cela passe par une réorganisation du quotidien, privilégiant la proximité pour toute consommation personnelle, de l'alimentation au fournisseur d'électricité. Le modèle est pensé en opposition à la mondialisation pour ne plus séparer l'homme de la nature.

24 « "Qu'est-ce qu'une bio-région ?" de Mathias Rollot », Thierry Paquot, topophile.net, avril 2021

25 « Les biorégions, une alternative écologique aux régions administratrives », Gaspard d'Allens, reporterre.net, juin 2021

26 « Les biorégions », émission « La Terre au carré », Mathieu Vidard, www.franceinter.fr, mars 2021

CE CONCEPT EST-IL RÉELLEMENT SÉRIEUX ?

Pour l'instant, le biorégionalisme reste surtout défendu par les militants écologistes et certains urbanistes. C'est le cas de Mathias Rollot, maître de conférences à l'École nationale supérieure d'architecture de Nancy. En 2021, il a justement publié un essai intitulé *Qu'est-ce qu'une biorégion ?*[27] Il l'évoque comme une « philosophie de vie », plutôt qu'une « cartographie »[28]. Mais tant que la sphère politique ne s'est pas emparée du concept, ce type de découpage reste encore de l'ordre de l'utopie.

VOILÀ CE QU'EST LA BIORÉGION !

27 *Qu'est-ce qu'une biorégion*, Mathias Rollot et Marin Schaffner, Wildproject Éditions, 2021
28 « Le biorégionalisme ou repenser le territoires avec Mathias Rollot », émission « Chacun sa route », Élodie Font, www.franceinter.fr, juillet 2020

CULTURE

LES ŒUVRES D'ART LES PLUS POLÉMIQUES

On le sait, l'art n'a pas pour but de laisser indifférent. Que ce soit au cinéma, dans une galerie ou à travers des enceintes, les productions artistiques ont vocation à créer des émotions.

Mais les œuvres d'art, c'est une réalité, peuvent parfois déranger. Pour son côté blasphématoire, pornographique, sa laideur ou son coût, par exemple, un objet artistique peut être à l'origine d'un véritable scandale.

NE TOUCHEZ PAS À LA TRADITION !

De nombreuses choses peuvent déranger le public face à une œuvre. Mais c'est l'irrespect d'une figure ou d'un monument historique ou religieux qui crée souvent les réactions négatives les plus vives. C'est le cas de *Dirty Corner*, une sculpture d'Anish Kapoor, exposée en 2015 dans les jardins du château de Versailles.

Rebaptisée « Le Vagin de la reine » par ses détracteurs, elle représente une grande trompe en acier, longue de 60 mètres et haute de 8 mètres. Ce qui a choqué n'est pas tant sa forme que son emplacement : le décalage entre sa modernité et l'aura d'un haut lieu de la culture française a dérangé un grand nombre de personnes. Cet édifice, qu'on accusait de profaner la mémoire et d'offenser l'ordre architectural du lieu, gênait tellement qu'il a été saccagé par de nombreux actes de vandalisme, et notamment des inscriptions haineuses et antisémites.

L'ART CONTEMPORAIN HÉRISSE LE POIL

Il est vrai que la difficulté d'accès à l'art contemporain peut susciter des incompréhensions, comme *Comedian* de Maurizio Cattelan. Cette œuvre provocatrice, l'installation d'une simple banane scotchée sur le mur, est née du manque d'inspiration de l'artiste et a été présentée à la foire Art Basel Miami sur le stand du galeriste Emmanuel Perrotin. Et cette composition a tout de même été vendue pour 100 000 euros.

Et Cattelan n'est pas le premier à faire polémique : dans les années 1970, par exemple, Salvador Dalí avait réalisé un happening durant lequel il plongeait des objets communs dans du bitume chaud avant de les revendre. L'idée, derrière cette œuvre, peut se résumer ainsi : tout corps plongé dans le goudron par Salvador Dalí vaudra une fortune.

AVANT L'ART CONTEMPORAIN : MÊME COMBAT

Choquer n'est pas l'apanage de l'art contemporain : la figuration peut elle aussi provoquer des réactions hostiles. Dans les années 1970, par exemple, Philip Guston avait réalisé une série de tableaux pour se moquer du Ku Klux Klan ; certaines de ses rétrospectives ont alors été annulées par peur d'une mauvaise interprétation du public[29].

L'œuvre *Judith et Holopherne*, découverte en 2014 à Toulouse, a fait elle aussi sensation, mais pour une tout autre raison. La peinture a fait parler d'elle du fait de ses origines floues, et au sein même des collèges d'historiens : s'agit-il vraiment d'une œuvre du Caravage ? À ce jour, personne ne peut en avoir la certitude.

Mais le sommet de la polémique revient évidemment à *L'Origine du monde* de Gustave Courbet. La représentation du sexe féminin a créé de vifs débats en 1866, à une époque où tout le monde s'évertuait à le cacher. Mais comme l'art n'est pas stérile, la toile a également permis de faire avancer les mentalités.

VOILÀ QUELLES SONT LES ŒUVRES D'ART LES PLUS POLÉMIQUES !

29 « Peinture : La rétrospective consacrée au peintre Philip Guston est reportée car certaines de ses toiles représentent des hommes avec des cagoules blanches », *Le Point*, octobre 2021

SANTÉ

LA PRÉCARITÉ MENSTRUELLE

En 2020, l'alerte a été donnée à travers un chiffre édifiant : 1,7 million de personnes se raient victimes de précarité menstruelle en France, selon l'association Règles élémentaires. Elle affecte les femmes qui n'ont pas les moyens d'acheter des protections hygiéniques ainsi que des médicaments antidouleurs pendant la période des règles mensuelles.

En pleine période de crise pandémique, dont les conséquences s'accroissent de jour en jour, la précarité menstruelle étudiante n'est pas en reste. Certaines associations ont alerté sur l'urgence à lutter contre ce phénomène en France. Selon cette étude, menée auprès de 6 500 jeunes femmes, 33 % des répondantes estiment avoir besoin d'une aide pour financer leurs protections périodiques[30].

QUEL EST LE COÛT POUR LES PROTECTIONS ?

La dépense moyenne varie entre 5 et 10 euros par mois, exclusivement pour les protections. Ce coût s'ajoute *de facto* à d'autres de la vie quotidienne, comme des médicaments antidouleurs, des sous-vêtements, des draps de rechange, qui représentent plus de 20 euros mensuellement. La crise a fait exploser la précarité, surtout étudiante. De nombreuses personnes se sont ainsi retrouvées sans travail, et cette dépense peut rapidement peser sur un budget.

QUE FAIT L'ÉTAT POUR CES PERSONNES PRÉCAIRES ?

Le gouvernement commence à entendre la détresse des étudiants et déploie une série de mesures d'aide, comme le repas au restaurant universitaire à seulement 1 euro, ou les «chèques psy» qui ouvrent le droit à trois consultations gratuites. Mais les associations réclament depuis des années la gratuité des protections hygiéniques. Et en 2021, Frédérique Vidal, ministre de l'Enseignement supérieur, en a fait la promesse : les protections périodiques seront désormais gratuites pour toutes les étudiantes[31].

C'est l'Écosse qui tient la place de bonne élève en la matière et qui sert de modèle aux autres pays. Fin 2020, elle est devenue la première nation à mettre à disposition des protections périodiques, dans tous les bâtiments publics. Le gouvernement permet à quiconque ayant besoin de tampons ou de serviettes hygiéniques de les obtenir gratuitement sur tout le territoire.

---

30 Baromètre exclusif Règles élémentaires x OpinionWay, mai 2021

31 « Gratuité des protections périodiques pour les étudiantes », gouvernement.fr, février 2021

COMMENT CE PROJET SE DÉPLOIE-T-IL EN FRANCE ?

Concrètement, le gouvernement français a installé 1 500 distributeurs dans les résidences universitaires des Crous et dans les services de santé universitaires. Jusqu'à présent, en France, des initiatives associatives de ce type existaient, mais restaient locales la plupart du temps.

La promesse de la ministre Frédérique Vidal est un bon début dans le combat contre la précarité menstruelle. Mais cette dernière reste un enjeu de société fondamental, lié aux inégalités de genre et aux tabous qui entourent les règles. Pour lutter efficacement contre ce phénomène, d'autres mesures plus globales sont nécessaires, telles que l'amélioration de la sensibilisation, de la prévention sur les règles et les maladies qui y sont associées.

VOILÀ CE QU'EST LA PRÉCARITÉ MENSTRUELLE !

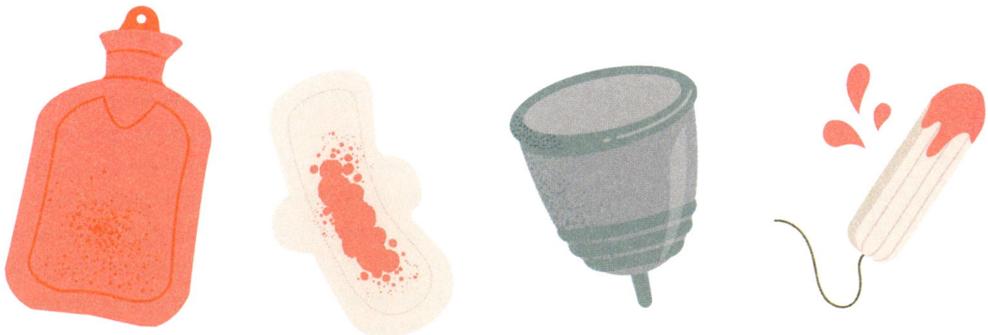

ENVIRONNEMENT

LA NEUTRALITÉ CARBONE

De l'Union européenne au Japon en passant par la Chine, de plus en plus d'États s'engagent à atteindre la « neutralité carbone » d'ici 2050 ou 2060. Concrètement, cela signifie « ne pas émettre plus de gaz à effet de serre que ce que la planète n'est capable d'absorber ». Sans cela, le réchauffement climatique pourrait devenir incontrôlable.

À QUOI ÇA SERT LA NEUTRALITÉ CARBONE ?

Canicule, montée des eaux, inondations, glissements de terrain, perte de la biodiversité… Nous ressentons déjà les effets du réchauffement climatique. Et ce n'est que le début. Ce phénomène pourtant peut être ralenti si nous parvenons à suivre la recommandation du GIEC (Groupe d'experts intergouvernemental sur l'évolution du climat) : limiter le réchauffement à 1,5 °C d'ici le milieu du XXIe siècle[32]. 195 pays se sont ainsi engagés dans cette voie, à travers l'accord de Paris, signé en 2015. Pour y parvenir, l'un des objectifs, c'est la neutralité carbone.

Cela suppose que nous plafonnions nos émissions de gaz à effet de serre par rapport à ce que la nature est en mesure d'éliminer. Il existe en effet des « puits naturels de carbone » qui absorbent le CO_2 : forêts, sols, océans… Aujourd'hui, nous sommes loin de cet équilibre. Ces puits sont en effet capables d'engloutir entre 9,5 et 11 gigatonnes de CO_2 par an. Or, nous en émettons environ quatre fois plus, soit 38 gigatonnes en 2019[33].

QUELLE STRATÉGIE EST MISE EN PLACE ?

Il existe un « mécanisme de compensation carbone » dont l'idée est la suivante : les États et les entreprises contrebalancent leurs activités qui rejettent des gaz à effet de serre en finançant, en parallèle, des projets qui vont réduire les émissions de ces gaz. Ils peuvent concerner les énergies renouvelables, l'efficacité énergétique, etc. Mais cette stratégie est critiquée : il s'agirait d'une manière de se donner bonne conscience, sans réelle efficacité, et qui reporterait les efforts sur les pays les plus pauvres.

Des chercheurs travaillent aujourd'hui à développer des moyens pour capturer ces gaz à effet de serre, mais aucune solution ne peut aujourd'hui éliminer le carbone de l'atmosphère à une échelle suffisante. On peut aussi penser à des solutions naturelles,

32 « Qu'est-ce que la neutralité carbone et comment l'atteindre d'ici 2050 ? », sur www.europarl.europa.eu, octobre 2019
33 *Ibid.*

comme planter des arbres. Encore faut-il que ces forêts artificielles ne menacent pas la biodiversité et ne finissent pas en feu, libérant encore plus de CO_2. La solution la plus efficace reste de préserver les écosystèmes et de réduire drastiquement les émissions de gaz à effet de serre.

CHANGER À L'ÉCHELLE PLANÉTAIRE

En Union européenne, pourtant, ces émissions ont baissé d'un quart depuis 1990. À l'inverse, sur la même période, elles sont restées stables aux États-Unis, ont doublé en Turquie et triplé en Chine[34]. En résumé, l'Occident pollue moins, mais c'est parce qu'il a délocalisé cette pollution. C'est pourquoi, sur ce sujet, l'action doit être internationale. Les engagements récents de l'UE, de la Chine, du Japon, de la Corée du Sud et d'autres pays pour la neutralité carbone semblent aller dans le bon sens. Est-ce que le reste du monde les suivra ? Est-ce que les paroles se transformeront en actes ? Le défi reste colossal.

VOILÀ CE QU'EST LA NEUTRALITÉ CARBONE !

34 « Chiffres clés du climat - France, Europe et Monde - Édition 2020 », www.statistiques.developpement-durable.gouv.fr, novembre 2019

SOCIETÉ

LA DÉSOBÉISSANCE CIVILE

La pandémie de Covid-19 a largement et durablement bouleversé nos vies. Les restrictions ont été difficiles à tenir pour certains et ont beaucoup inquiété l'exécutif. On entend donc parler de « désobéissance civile ». Un concept à prendre avec des pincettes.

LA FRONDE DES RESTAURATEURS

Le 27 janvier 2021, un restaurateur du centre-ville de Nice a décidé de servir une centaine de clients, malgré l'interdiction. Quelques jours plus tard, un autre du Doubs est allé dans ce sens, en incitant les restaurateurs français à ouvrir pour le 1er février, aussi appelé « journée de désobéissance civile ».

La réaction du gouvernement a été immédiate : les restaurants qui enfreignent les règles ne bénéficieront pas du fonds de solidarité. À ce stade, il s'agit plutôt de fronde que de désobéissance civile réelle.

Mais le terme a été réutilisé par le maire de Montfermeil Xavier Lemoine, en direct sur LCI : « J'appelle à la désobéissance civile parce que le mal qui est infligé à la population française est totalement disproportionné par rapport aux effets que l'on veut avoir sur la crise sanitaire. »[35]

LA DÉSOBÉISSANCE CIVILE, C'EST QUOI ?

Nous devons la première utilisation de l'expression au philosophe américain Henry David Thoreau, en 1849, dans son essai issu de son expérience personnelle, *La Désobéissance civile*[36]. Trois ans plus tôt, le penseur est emprisonné pour avoir refusé de payer un impôt. Il s'agissait alors d'un geste symbolique pour protester contre l'esclavagisme et la guerre contre le Mexique. La notion a ensuite fait son chemin et été théorisée.

Le philosophe John Rawls estime en 1975 qu'il s'agit d'un « acte public, non violent, décidé en conscience, mais politique, contraire à la loi et accompli le plus souvent pour amener un changement dans la loi politique du gouvernement »[37].

En 1985, le philosophe allemand Jürgen Habermas, spécialiste en sciences sociales, poursuit dans ce sens : « La désobéissance civile est un acte de

35 « À quoi renvoie la notion de "désobéissance civile", brandie par certains restaurateurs ? », www.lci.fr, février 2021
36 *La Désobéissance civile*, Henry David Thoreau, trad. Guillaume Villeneuve, Éditions Mille et Une Nuits, 1997
37 *La Théorie de la justice*, John Rawls, Éditions Harvard University Press, 1975

protestation aux justifications morales qui n'est pas uniquement fondé sur des croyances personnelles ou des intérêts particuliers. C'est un acte public qui est en règle générale annoncé aux autorités et dont la police peut prévoir le déroulement.» D'après lui, cela implique de la «violence intentionnelle».

Au XXe siècle, plusieurs mouvements de libération s'apparentent à des formes de désobéissance civile, comme les manifestations contre la guerre du Vietnam aux États-Unis. Martin Luther King et Gandhi ont aussi défendu cette idée. Plus récemment, le mouvement écologiste international Extinction Rebellion appelle, lui, à la désobéissance civile non violente.

LE CONFINEMENT À L'ORIGINE DU PHÉNOMÈNE ?

L'une des craintes du gouvernement français est de voir une augmentation de la désobéissance civile dans le pays. C'est peut-être pour cela, en partie tout au moins, que l'exécutif a rapidement exclu un troisième confinement. Sur Twitter, le hashtag #JeNeMeConfineraiPas est d'ailleurs apparu le 22 janvier, lancé par le responsable du site Bas les Masques[38], un médecin généraliste de l'Essonne.

Selon *Le Parisien*, l'ancien ministre de l'Intérieur Christophe Castaner jugeait avec inquiétude la perspective d'un troisième confinement, en avançant que «le risque, en refermant le pays, c'est la désobéissance civile»[39].

Rien ne prouve qu'une rébellion pourrait arriver, malgré les exemples observés à l'étranger. Aux Pays-Bas, des émeutes ont éclaté dans plusieurs villes à l'annonce de l'instauration d'un couvre-feu. Même chose au Liban à l'annonce d'un confinement, principalement à Tripoli, au nord du pays. Mais pour bien comprendre les ressorts de la désobéissance civile, il ne faut pas écarter les particularités propres à chaque État. Pour ce pays du bassin méditerranéen, les restrictions liées à la Covid-19 s'ajoutent à une situation économique désastreuse. Selon une enquête IFOP pour *L'Express*, fin janvier, 72 % des Français se disaient prêts à un nouveau confinement.

VOILÀ CE QU'EST LA DÉSOBÉISSANCE CIVILE !

38 Le site Internet est accessible sur https://baslesmasques.com
39 « Reconfinement : Macron et le spectre de la désobéissance civile », Pauline Théveniaud, Olivier Beaumont et Marcelo Wesfreid, www.leparisien.fr, janvier 2021

TECH

LA LOW-TECH

Face au réchauffement climatique, les décideurs politiques misent sur l'innovation technologique. Mais pour certains ingénieurs, c'est une illusion : la solution n'est pas à trouver dans la high-tech. Il faut plutôt miser sur la *low-tech*, littéralement la « technologie basse » : des solutions simples, robustes, et réparables par tout un chacun.

DE QUOI PARLE-T-ON CONCRÈTEMENT ?

Robots, ordinateurs, satellites, intelligence artificielle… La toute-puissance des hautes technologies est remise en question depuis des décennies. Dans les années 1970 déjà, l'auteur Ivan Illich mettait en avant le concept de «technologies intermédiaires» et prônait une société conviviale où l'homme contrôle l'outil. En 2020, ce sont les spécialistes qui maîtrisent les outils. Peu d'entre nous savent construire ou réparer un smartphone, une voiture ou une machine à laver.

LE MESSAGE DES DÉFENSEURS DE LA LOW-TECH

On pourrait penser que la grande force de la technologie, c'est justement d'être vouée à être de plus en plus complexe. Mais ce n'est pas l'avis de tout le monde. Face aux énergies renouvelables, aux nano- et biotechnologies ou aux imprimantes 3D, des scientifiques alertent. Ces techniques, affirment-ils, consomment des ressources rares, sont trop complexes et difficiles à recycler[40]. C'est le cas de l'ingénieur Philippe Bihouix qui a consacré un livre sur le sujet en 2014[41]. Comme lui, les adeptes de la low-tech entendent faire plus et mieux, mais avec moins. Cela signifie que d'un point de vue technique, un objet doit durer dans le temps, être robuste, consommer peu de matières premières, peu d'énergie, et être réparable ou recyclable.

Certains essaient de concevoir des maisons, des voitures, des techniques agricoles et même des ordinateurs sur ce principe. Attention, cependant : Philippe Bihouix rappelle que les matières renouvelables ne sont pas infinies. Penser que l'on peut continuer à construire autant, avec d'autres techniques, serait illusoire. Avant de savoir comment produire mieux, il faudrait accepter de produire moins.

---

40 « Le low-tech : pour "vivre mieux, avec moins" », Claire Gerardin, www.lemonde.fr, septembre 2019

41 *L'Âge des low tech. Vers une civilisation techniquement soutenable*, Philippe Bihouix, Points, 2021

UN MODE DE VIE À LA LOW-TECH

Tous les défenseurs de la low-tech ne remettent pas en question les progrès que permet la haute technologie, dans le domaine de la santé par exemple. Ce qu'ils interrogent, c'est notre prétendu besoin de technologie de pointe dans tous les aspects de notre vie.

À quoi pourrait donc ressembler une vie fonctionnant sur ce principe ? Prenons l'exemple de l'habitat : pour habiter une maison low-tech, il est possible de construire une petite roulotte à base de matériaux biosourcés, c'est-à-dire du bois, de la terre, de la paille… Il est également possible de récupérer l'eau de pluie, de la chauffer avec l'action du soleil et de traiter les eaux usées grâce aux plantes : c'est ce qu'on appelle la phytoépuration[42]. En poussant plus loin, on peut même fabriquer une machine à laver à pédales.

Les efforts s'éprouvent aussi à notre échelle. Pour se lancer dans ce nouveau mode de vie, il est par exemple possible de suivre des études d'ingénieurs. Et pour cause, la low-tech est depuis peu enseignée dans les écoles. Mais elle doit avant tout être accessible à toutes et tous : dans cette perspective, le site **lowtechlab.org** propose tout un tas d'idées, de plans et de documentation en accès libre.

VOILÀ CE QU'EST LA LOW-TECH !

42 « J'ai passé une nuit dans une tiny house low-tech », Jean-Jacques Valette, https://usbeketrica.com, novembre 2020

CULTURE

LES CHANSONS À ÉCOUTER POUR ÊTRE HEUREUX

On a tous envie de croquer le bonheur à pleines dents, c'est une réalité. Et la musique influence les émotions, parfois même les amplifie. On le sait. Ce qu'on a découvert, par contre, c'est qu'écouter certains titres spécifiques rend heureux. Dr Jacob Jolij, un chercheur hollandais en neurosciences cognitives, s'est penché sur la question. Dans une étude apparemment très sérieuse qu'il a dévoilée en 2015, il a noté un ensemble de chansons capables de nous rendre joyeux.

UNE ÉQUATION POUR ÉCOUTER LE BONHEUR

Le scientifique a mis en place une stratégie pour permettre d'arriver à ce résultat. Il a développé une équation, basée sur un ensemble de critères, qui permettent d'obtenir ces morceaux *feel good*. Le tempo de la chanson, d'abord, doit être au minimum composé de 150 battements par minute. Le contenu des paroles, ensuite, doit respirer la joie et la positivité. Et, enfin, l'artiste doit utiliser une tonalité majeure, c'est-à-dire une gamme de notes qui sonne «joyeux».

Jacob Jolij a alors listé les dix chansons qui entrent dans cette catégorie :

1. *Don't Stop Me Now* de Queen
2. *Dancing Queen* d'Abba
3. *Good Vibrations* de The Beach Boys
4. *Uptown Girl* de Billy Joel
5. *Eye Of The Tiger* de Survivor
6. *I'm A Believer* de The Monkeys
7. *Girls Just Wanna Have Fun* de Cyndi Lauper
8. *Livin' On A Prayer* de Jon Bon Jovi
9. *I Will Survive* de Gloria Gaynor
10. *Walking On Sunshine* de Katrina & The Waves

UNE VRAIE/FAUSSE PLAYLIST DE LA JOIE

Cette liste est loin d'être exhaustive, et la sélection peut légitimement être critiquée. Pourquoi ? On note, déjà, que tous ces titres sont en langue anglophone. En outre, ils sont liés à un genre, ou une époque, qu'ils ont en commun. La raison en est simple : pour établir son étude, le neuroscientifique a interrogé 2 000 Britanniques sur leurs chansons préférées. Il a ensuite étudié plus de 126 des chansons citées par les participants, en employant sa fameuse équation basée sur le tempo, les paroles et l'atmosphère. En d'autres termes : cette sélection ne peut par définition être universelle; il faudrait pour cela entreprendre cette enquête au niveau international. Un vaste projet.

ÉCOUTER DE LA MUSIQUE AU QUOTIDIEN REND « HAPPY »

Dans la même perspective, le scientifique a désigné la meilleure chanson qui rend heureux par décennie, toujours en tapant dans les morceaux connus. On apprend ainsi qu'*Happy* de Pharrell Williams serait celle des années 2010. Jusque-là, ce n'est pas une grande surprise. On pourrait même aller jusqu'à affirmer qu'il n'est pas vraiment utile d'être chercheur en neurosciences pour réaliser ce type d'analyse. Mais le résultat peut influencer chacun de nous dans nos playlists du matin, de manière à être plus heureux en arrivant au bureau.

Cette étude n'est d'ailleurs pas la seule. La British Academy of Sound Therapy explique qu'écouter neuf minutes de musique par jour, quels que soient le style et l'artiste, permet de lutter contre la dépression. Est-ce que cela fonctionne aussi pour les chansons mélancoliques ? C'est toute la question !

VOILÀ QUELLES SONT LES CHANSONS À ÉCOUTER POUR ÊTRE HEUREUX !

ENVIRONNEMENT

LA MICRO-FORÊT

Depuis quelques années, des citoyens s'organisent pour planter des micro-forêts en ville ou à la campagne. On en compterait plus de 2 000 à travers le monde. Toutes s'inspirent de la méthode Miyawaki et pourraient aider à lutter contre l'effondrement de la biodiversité.

AUX SOURCES DE LA MICRO-FORÊT

Akira Miyawaki, décédé en 2021, était un botaniste japonais particulièrement réputé dans le monde. Durant ses différents travaux d'analyse, il a constaté qu'une grande majorité des forêts japonaises sont l'œuvre de l'être humain. Les arbres y ont été introduits en fonction de la qualité du bois, en vue de construire des meubles et des maisons. Le problème, c'est que ces arbres ne sont pas nécessairement les plus résistants ni les plus efficaces face au réchauffement climatique.

Si l'on regarde la France, on ne peut que considérer l'importante surface de forêts qui recouvre le pays ; elles ont même doublé en l'espace de 200 ans. Mais 84 % d'entre elles ne sont composées que d'une ou de deux essences d'arbre[43]. Pensons à la forêt des Landes qui n'abrite quasiment que des pins maritimes. Ce manque de biodiversité végétale provoque une baisse de la biodiversité animale et favorise la propagation des maladies. Pour remédier à ce problème, Miyawaki a développé une méthode pour planter des forêts plus naturelles, notamment dans les zones urbaines.

LA MÉTHODE MIYAWAKI

Cette méthode consiste en des plantations denses, avec trois arbres au mètre carré. Ce système permet de favoriser la communication entre les racines et limiter la croissance des mauvaises herbes. On veille aussi à sélectionner des espèces d'arbres originaires du lieu où l'on implante la micro-forêt. Une fois ces végétaux plantés, l'être humain les accompagne durant deux ou trois ans, puis laisse la forêt évoluer librement.

Quel intérêt ? Ces arbres, très rapidement, contribuent à rafraîchir les villes, captent du CO_2, apportent de la biodiversité… On estime qu'il faut 200 ans pour permettre à une forêt de se reconstituer seule. Cette technique permet d'y parvenir dix fois plus rapidement. Ainsi, depuis quelques années, les projets de micro-forêts se multiplient. En France, par exemple, la fédération Boomforest en a planté une première de 400 m² du côté de la porte de Montreuil à Paris, puis deux de plus les années suivantes. D'autres collectifs travaillent à implanter des micro-forêts à Toulouse, Nantes, dans le Tarn, l'Oise ou le Jura, entre autres.

43 « Biodiversité : Qu'est-ce que la méthode Miyawaki, qui fait des émules en France pour créer des mini-forêts ? », Fabrice Pouliquen, www.20minutes.fr, novembre 2020

UN COMBAT POLITIQUE

À Beyrouth, des associations ont même planté des forêts en pleine ville, elles aussi inspirées par la méthode Miyawaki. L'objectif était d'installer 1 200 arbres de 17 espèces différentes sur les rives du Nahr Beyrouth, un fleuve très pollué qui traverse la ville.

Et dans la capitale libanaise, la micro-forêt devient même un combat politique. Pendant les manifestations de 2019, qui protestaient contre les décisions gouvernementales en réponse à la crise économique, le même collectif a planté 30 grands arbres dans le square des Martyrs, en plein cœur de la ville. Pour lui, l'amélioration de la qualité de vie des citoyens passe par les espaces verts publics. Ses membres sont prêts à mener ce qu'ils appellent la « guérilla de reboisement »[44].

VOILÀ CE QU'EST LA MICRO-FORÊT !

44 « Meet the "guerrilla foresters" trying to bring green spaces back to Beirut », Finbar Anderson, www.middleeasteye.net, novembre 2019

SANTÉ

LES CISEAUX MOLÉCULAIRES

Des plantes, des animaux et même des humains génétiquement modifiés pour résister aux maladies et lutter contre le réchauffement climatique... Est-ce un rêve, ou un cauchemar ? C'est en tout cas déjà presque une réalité grâce à une nouvelle technique d'édition du génome, Crispr-Cas9, aussi appelée « ciseaux moléculaires ». Ce serait, selon ses défenseurs, une vraie petite révolution.

MODIFIER LES GÈNES

Fin 2018, le grand public entend parler pour la première fois des ciseaux moléculaires à travers une actualité qui défraie la chronique. Un chercheur chinois annonce sur YouTube qu'il a fait naître des bébés résistants au VIH grâce à cette technique[45]. L'idée de nouveau-nés génétiquement modifiés enflamme l'opinion. La communauté scientifique internationale s'indigne et le chercheur finit en prison.

Pourtant, depuis plusieurs années, le nombre de recherches liées aux ciseaux moléculaires explose. C'est une telle révolution qu'en 2020, les deux chercheuses à l'origine de la technique Crispr-Cas9, mise au jour en 2012, obtiennent le prix Nobel de chimie[46]. Il s'agit d'une Française, Emmanuelle Charpentier, et d'une Américaine, Jennifer Doudna.

QUEL EST L'OBJECTIF DES CISEAUX MOLÉCULAIRES ?

Cette technique est beaucoup plus simple, précise et moins coûteuse que celles utilisées jusqu'au début des années 2000. En étudiant des bactéries, les chercheuses ont compris qu'on pouvait les utiliser comme des ciseaux : on les reprogramme pour qu'elles aillent couper une position précise dans l'ADN d'un être vivant. À ce stade, deux possibilités : soit on interrompt la technique pour en vérifier ses effets, soit on introduit une autre molécule d'ADN pour enclencher une mutation précise. Tout dépend de l'objectif : désactiver, muter, changer ou insérer un gène.

À quoi cela peut-il bien servir ? Les applications pourraient en fait être infinies. Certaines sont farfelues, comme ressusciter les mammouths[47]. Mais il y a aussi de grands espoirs du côté de la médecine, en vue de traiter les cancers, les infections, les maladies du sang. On cherche aussi à modifier l'ADN des moustiques pour les empêcher de répandre des virus.

---

45 « Notre génome manipulé ? La révolution Cripsr expliquée », *Le Monde*, www.youtube.com, février 2019

46 « Prix Nobel : Crispr-Cas9, la révolution génétique qui promet le meilleur et le pire », Grégory Rozières, www.huffingtonpost.fr, octobre 2020

47 *Ibid.*

Les ciseaux moléculaires pourraient aussi aider à lutter contre le réchauffement climatique, en s'appliquant aux biocarburants ou à l'agriculture. Aux États-Unis, depuis 2015 on peut acheter des champignons de Paris qui ne brunissent pas et du porc antiallergique. Tout cela grâce aux ciseaux moléculaires.

S'AGIT-IL D'OGM ?

Le problème, c'est qu'actuellement nous ne sommes pas encore en mesure de maîtriser parfaitement les modifications de l'ADN, ni leurs conséquences. Jennifer Doudna elle-même a mis en garde sur les dérives potentielles de son invention.

En Europe, la Cour de justice de l'Union européenne a tranché : il s'agit bien d'OGM, dont l'utilisation est très limitée par une loi de 2001. Mais cela pourrait changer. Sur demande des lobbies agrochimiques, en effet, la Commission européenne a annoncé en 2021 qu'elle ouvrirait un débat public sur ces nouvelles techniques, dans l'idée qu'elles pourraient contribuer à une agriculture plus durable[48]. La controverse ne fait que commencer…

VOILÀ CE QUE SONT LES CISEAUX MOLÉCULAIRES !

48 « EC study on new genomic techniques », sur https://ec.europa.eu

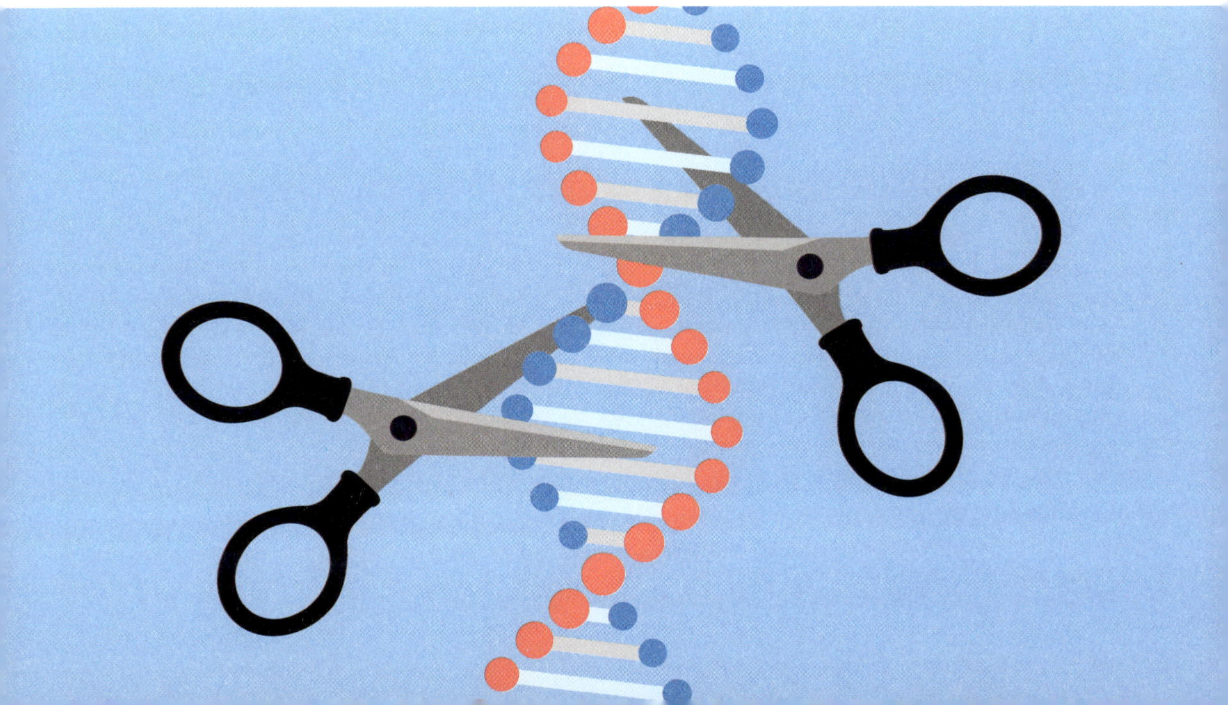

TECH

LE CYBERHARCÈLEMENT

Le cyberharcèlement est pratiqué sur Internet. Il consiste à affaiblir une personne en diffusant des propos insultants, obscènes et menaçants, de manière répétée. Bien que tout le monde puisse en être victime, les jeunes et les enfants sont tout particulièrement sujets à ces pratiques, qui peuvent mener jusqu'au suicide.

LE CYBERHARCÈLEMENT, ÇA EXISTE VRAIMENT ?

Quels souvenirs avez-vous de la cour de récréation ? Les jeux, la joie et la naïveté ? Ou bien l'enfer d'un monde déjà hostile ? Pour certains enfants, l'école a toujours été un lieu de harcèlement, souvent en raison d'une différence, qu'il s'agisse de la religion, d'une identité de genre, d'une origine ou d'un handicap, par exemple. La sonnerie de la cloche de fin de journée signe un moment de soulagement, synonyme du retour à la maison, le havre de paix, loin de toute intimidation.

Le problème, depuis le début des années 2000, c'est que la récréation ne s'arrête jamais. Sur Instagram, Snapchat, Twitter ou Facebook, tout le monde reste connecté, jusque dans son lit, et le harcèlement ne connaît plus de frontières.

Le cyberharcèlement peut se manifester par la création de faux profils, la diffusion de rumeurs, de messages d'insulte, de photos dans des groupes privés ou publics. Avec les outils du web, ces messages peuvent, en quelques secondes, atteindre le plus grand nombre de personnes.

DES CONSÉQUENCES PARFOIS TRÈS LOURDES

Ce peut être, par exemple, des photos de nus diffusées sur les réseaux sans l'autorisation de la personne concernée. On parle alors de *revenge porn*, l'un des nombreux aspects du cyberharcèlement. C'est un fait grave, car ce type de phénomène provoque une perte de confiance en soi et de l'anxiété chez les jeunes victimes. Les conséquences sociales et psychiques sont lourdes, pouvant mener au suicide.

En 2012, la Canadienne Amanda Todd a 17 ans lorsqu'elle met fin à ses jours. Peu avant sa mort, elle publie une vidéo sur YouTube où elle explique, à l'aide de Post-it, le harcèlement dont elle a fait les frais depuis des années, l'horreur qu'était devenue sa vie. D'après un rapport de l'ONG Ditch The Label, une victime sur dix fait une tentative de suicide[49].

49 « Le cyberharcèlement et ses conséquences pour les droits de l'homme », Liam Hackett, www.un.org

PROTÉGER ET RESPONSABILISER LES JEUNES

Face à certains cas médiatisés comme celui d'Amanda Todd, les gouvernements et institutions internationales tentent d'enrayer le cyberharcèlement. L'Unicef, par exemple, a mené un sondage auprès de 170 000 jeunes autour du monde[50]. Un sur trois déclare avoir été victime d'intimidation en ligne au moins une fois. Et un jeune sur cinq déclare avoir déjà manqué l'école à cause du cyberharcèlement et de la violence.

Existe-t-il réellement des solutions pour empêcher les harceleurs ? C'est aux gouvernements de protéger leurs jeunes, mais les entreprises de l'Internet sont aussi responsables des contenus qu'elles peuvent laisser accessibles sur leurs plateformes. Enfin, les jeunes doivent être responsabilisés, les harceleurs d'une part, mais aussi les témoins : voir des actes de cyberharcèlement, rire et ne rien dire, c'est laisser d'autres jeunes être tués, à petit feu.

VOILÀ CE QU'EST LE CYBERHARCÈLEMENT !

50 « Cyberintimidation : un jeune sur cinq a déjà manqué l'école suite à l'intimidation en ligne (UNICEF) », sur https://news.un.org, septembre 2019

SOCIÉTÉ

LA GÉNÉRATION COVID

Une génération, en sciences sociales, fait référence à une catégorie de la population dont les membres ont à peu près le même âge ou ont vécu à la même époque historique. Du fait de ce point commun, ils partagent un certain nombre de pratiques. On parle de la « génération 68 », des « générations de crise », et une nouvelle a fait son apparition à l'issue de la pandémie : la « génération Covid ».

LA DÉTRESSE MORALE DES ÉTUDIANTS

Touchés par la précarité, le mal-être, le manque de perspectives, la déscolarisation, les jeunes de moins de 25 ans font partie des tranches d'âge qui semblent payer l'une des plus lourdes factures de la pandémie. À cela s'ajoute la détresse psychologique : selon l'enquête CoviPrev menée par Santé publique France, 29 % des 18-24 ans se disent déprimés[51].

Le président de l'Université de Strasbourg, Michel Deneken, a même envoyé un signal d'alerte : « La détresse morale des étudiants tuera plus, à terme, que le virus. »[52] Entre la fermeture des universités, les difficultés économiques, l'absence de moments de culture et de fête, celles et ceux qui entrent dans la vingtaine vivent une période difficile.

POURQUOI UNIQUEMENT LES JEUNES ?

Il faut comprendre que derrière cette appellation générique existe une réalité commune. La jeunesse est le moment où se dessine notre rapport au monde, à l'amitié, à l'amour, à la politique. C'est aussi la période de certaines premières expériences, qui nous marquent d'une manière particulière. Que signifie avoir plus ou moins de 20 ans au moment où une pandémie a transformé le quotidien de toute la société ?

Baccalauréat, permis de conduire, stages, rentrée à l'université, soirées d'intégration, premier emploi, vacances entre amis… Toutes les étapes initiatiques qui accompagnent, d'ordinaire, l'entrée dans l'âge adulte sont aujourd'hui brouillées. Comme si l'éventail des possibles s'était refermé. Dans une période clé de projection vers l'avenir, les situations d'attente s'éternisent. Si ce n'est bon pour personne, c'est particulièrement rude à l'âge où l'on est censé poser les jalons d'une vie.

---

51 « Comment évolue la santé mentale des Français pendant l'épidémie de Covid-19 », enquête CoviPrev, avril 2021

52 Interview donnée sur Franceinfo, jeudi 26 novembre 2020

QUELLES SOLUTIONS POUR AIDER CES JEUNES ?

Le gouvernement français a mis longtemps avant de mesurer l'impact de la crise sur la génération dite Z, celle née après 1995. On a souvent reproché aux politiques en place d'avoir sacrifié la jeunesse au nom de la santé des plus âgés. Depuis, des mesures ont été annoncées : l'opération deux repas par jour à 1 euro dans les restaurants universitaires, les «chèques psy», le plan «un jeune, une solution» et l'assouplissement du service civique. Certains députés de l'opposition veulent aller plus loin encore, en introduisant en débat à l'Assemblée le revenu universel, et en priorité pour les moins de 25 ans.

Du fait de la crise de la Covid-19, nous sommes tous pris dans le même mouvement d'incertitudes face au monde actuel et face à l'avenir. La génération Z en est aux avant-postes, avec des défis colossaux à gérer : le climat, un marché du travail en mutation… Il semble urgent aujourd'hui de les comprendre, de les inviter à la table des décisions, afin de pouvoir embrasser ensemble notre avenir.

VOILÀ CE QU'EST LA GÉNÉRATION COVID !

CULTURE

LE BLEU DE KLEIN

Le bleu de Klein, ça doit vous dire quelque chose ? Mais si, vous savez, les peintures, ces grands monochromes d'un bleu intense, peintes par... eh bien, l'artiste de renommée internationale Yves Klein. C'est un artiste peintre et, pourrait-on dire, un chercheur, dont les tableaux vendus établissent bien des records : on parle de plusieurs dizaines de millions de dollars pour certains de ces monochromes. Ça rend humble, n'est-ce pas ?

DU JUDO AUX PINCEAUX

Les deux parents d'Yves Klein sont peintres et voudraient bien que leur fils suive leur exemple. Le petit Yves baigne donc dès son enfance, dans les années 1920, dans le monde de l'art et des plasticiens. Mais voilà, lui, son truc, c'est le judo. Si, si, il est très sérieux, il quittera même la maison pour réaliser son rêve et ira jusqu'à monter son propre dojo. Un peu classe, non ?

Au soulagement de papa et maman, il reviendra dans le droit chemin, c'est-à-dire celui du pinceau. Il s'inscrira dans l'un des mouvements les plus novateurs, celui des nouveaux réalistes, à l'instar d'artistes comme César ou Arman avec qui il entretient une relation amicale.

Alors pour ceux qui n'ont pas fait histoire de l'art, ou qui ont tout oublié de leurs cours, le nouveau réalisme était un courant conceptuel tentant de magnifier une réalité banale, issue le plus souvent du réel urbain, industriel, publicitaire. Et si les représentants renversent les codes, c'est par leur façon de présenter leur sujet, crûment, plutôt que de le représenter.

ET POURQUOI LA COULEUR BLEUE ?

« Le bleu n'a pas de dimension, il est hors dimension, tandis que les autres couleurs, elles, en ont. Ce sont des espaces pré-psychologiques... Toutes les couleurs amènent des associations d'idées concrètes... tandis que le bleu rappelle tout au plus la mer et le ciel, ce qu'il y a après tout de plus abstrait dans la nature tangible et visible. » C'est ainsi qu'Yves Klein exprime sa vision.

Il ne signe ses œuvres qu'avec son prénom. Tout comme ses amis César et Arman, d'ailleurs, car ils font tous trois partie d'un ordre religieux mystique, les Rose-Croix, qui leur interdit de signer leurs œuvres par leurs noms de famille. Il voit d'ailleurs ses œuvres comme des objets de culte. Il réalisera 194 monochromes entre 1955 et 1962, qu'on peut aussi appeler des monotons.

A-T-IL JUSTE PEINT UNE TOILE EN BLEU ?

C'est un point de vue un peu réducteur. L'idée de base vient d'une vraie fascination de Klein pour les pigments de couleur plutôt que le dessin. Il veut créer une couleur qui représenterait au mieux la beauté du pigment, c'est-à-dire à l'aspect pictural le plus pur.

Naîtra ainsi l'IKB, pour International Klein Blue, un bleu d'outremer issu d'une pierre qui s'appelle le lapis-lazuli, retravaillé avec un liant préservant au mieux l'aspect du pigment. Ainsi, l'IKB ne nécessite pas de travail de restauration. Il déclinera sa couleur sur plusieurs textures. Qui a inventé une couleur, ici ?

Malgré sa renommée, l'incompréhension autour de son travail lui pèsera, allant jusqu'à lui provoquer des crises cardiaques. La manipulation de produits chimiques n'y est sans doute pas pour rien non plus. Sa seconde crise sera, malheureusement, fatale pour l'homme. Il décédera en 1962, avant même la naissance de son fils, prénommé… Yves Klein.

VOILÀ CE QU'EST LE BLEU DE KLEIN !

SANTÉ

LA DYSPAREUNIE

Il semblerait qu'il faille faire l'amour trois fois par semaine pour être parfaitement heureux. Mais 73 % des femmes hétérosexuelles déclarent avoir déjà eu des douleurs pendant les rapports et n'osent pas en parler avec leur partenaire[53]. La *dyspareunie* est le terme médical qui désigne toutes ces souffrances ressenties lors de l'acte sexuel.

DE QUELLES DOULEURS PARLE-T-ON ?

Ces douleurs peuvent apparaître avant, pendant ou après le rapport. Elles peuvent être ressenties chez les deux sexes. Néanmoins, la dyspareunie est généralement employée pour désigner celles perçues spécifiquement par les femmes. Elle peut être aiguë ou chronique, et peut déclencher d'autres troubles sexuels comme celui du désir ou le vaginisme.

Cette pathologie est divisée en deux catégories. La dyspareunie superficielle, d'abord, concerne le clitoris, la vulve ou l'entrée du vagin. Elle peut apparaître dès le début de la pénétration, voire juste avant. La dyspareunie dite profonde, ensuite, peut se déclencher une fois le pénis introduit dans le vagin, puisque les douleurs se manifestent au fond de l'organe.

QUELLES SONT LES CAUSES DE CES DOULEURS ?

La dyspareunie est la douleur qui contient le plus de causes organiques. Celles d'une dyspareunie superficielle peuvent être dûes à des infections, comme une mycose, un herpès, ou encore à des allergies par exemple à certaines matières ou produits d'hygiène. Il peut également s'agir de problèmes dermatologiques, comme le psoriasis ou l'eczéma. Enfin, plus grave : elles peuvent être des symptômes de cancers liés à la sphère uro-génitale.

Pour la dyspareunie profonde, les causes peuvent être liées aux pathologies de l'utérus, des ovaires ou des trompes, comme l'endométriose ou la présence de kystes. Ce peut être aussi une simple question d'anatomie, sans pathologie particulière. En l'occurrence, l'utérus de certaines femmes est orienté d'une autre manière : c'est ce qu'on appelle un « utérus en rétroversion ». Dans ce cas spécifique, changer de position, ou changer légèrement d'angle, peut s'avérer suffisant.

Mentionnons également le trouble du lâcher-prise et celui du contrôle, qui sont parfois beaucoup trop importants chez les femmes qui expriment cette douleur. Une dimension psychologique peut y être associée. La dyspareunie peut par exemple apparaître à la suite d'un traumatisme sexuel, comme une agression, un viol, ou même un rapport non consenti avec son partenaire. Enfin, elle peut apparaître en relation avec un système de croyances, qui représente la sexualité de manière négative ou culpabilisante chez la femme.

53 Mitchell KR, Geary R, Graham CA, Datta J, « Painful sex (dyspareunia) in women: prevalence and associated factors in a British population probability survey », *BJOG*, volume 124, Issue 11, 25 janvier 2017

RÉINVENTER SA SEXUALITÉ

La dyspareunie peut parfois être due à un simple manque de lubrification. Des préliminaires peuvent par exemple évacuer le problème. La lubrification naturelle, dans le corps féminin, est provoqué par le désir. Il faut donc le stimuler en faisant exister et durer au maximum ce moment, qui peut soit précéder la pénétration, soit la remplacer. Si la douleur est chronique, elle peut pousser à une abstinence sexuelle, ou bien le corps se tord dès les préliminaires. Il ne faut pas hésiter, dans ce cas, à consulter très vite un gynécologue.

Rappelons que lorsqu'une douleur surgit à la pénétration, c'est cette dernière qui pose souci, et non le rapport sexuel en tant que tel. En attendant de trouver la cause et de la traiter, il ne faudrait surtout pas cesser son activité érotique. Au contraire, c'est l'occasion de la réinventer, pour ne pas perdre la complicité avec son ou ses partenaires.

VOILÀ CE QU'EST LA DYSPAREUNIE !

SOCIÉTÉ

LA CANCEL CULTURE

La *cancel culture* est un concept qui consiste à pointer du doigt une personnalité ou une entreprise dont un propos, ou une action, a été considéré comme répréhensible ou offensant, avant de lui retirer son soutien sur les réseaux sociaux notamment.

DES LUTTES POUR LA JUSTICE SOCIALE

Culture de l'interpellation, de la dénonciation, de l'humiliation publique ou tout simplement de l'annulation : il n'existe pas de traduction française parfaite de la *cancel culture*. Elle s'illustre cependant dans différentes luttes pour la justice sociale, comme celles des mouvements féministes, antiracistes ou pour les droits des personnes LGBTQI+.

L'expression tend à désigner l'appel au boycott d'une personnalité, médiatique ou anonyme, après des propos ou des faits jugés problématiques. Il peut passer par différents modes d'expression : le discours – critiques et insultes, boycott ou cyberharcèlement – ou les actions concrètes, comme le déboulonnage de statues.

Cette pratique est à l'origine de la vague #MeToo, qui s'est d'abord développée, en 2017, sur les réseaux sociaux. Le mouvement a alors pris une plus grande ampleur, dénonçant les agressions sexuelles, les viols et la pédocriminalité.

De la même manière, Black Lives Matter emprunte à la *cancel culture* pour dénoncer des situations injustes. Tous ces mouvements exigent des institutions qu'elles prennent leurs responsabilités et cessent d'honorer des personnalités accusées d'agressions sexuelles ou d'œuvres racistes.

UNE TYRANNIE DES MINORITÉS ?

La *cancel culture* est devenue l'arme à double tranchant de «clicktivistes» sans frein qui, à force de menaces tous azimuts, s'attirent aujourd'hui de plus en plus de critiques. Selon une tribune signée par 150 personnalités, publiée en 2020 dans *Harper's Magazine* et dans *Le Monde*, elle annoncerait la fin de la liberté d'expression par ces formes de «tyrannie des minorités», «d'appel à la censure», «d'intolérance et d'ostracisme».

Christophe Girard, par exemple, en a fait les frais. Fraîchement reconduit adjoint à la culture en juillet 2020, le politicien a été mis en cause par des manifestantes féministes et des élues écologistes. Il est soupçonné d'avoir financé, dans les années 1980, deux ans de séjours à l'hôtel pour l'écrivain Gabriel Matzneff. L'auteur y aurait conduit Vanessa Springora, mineure au moment des faits, pour la violer[54].

54 « Affaire Matzneff : les écologistes parisiens demandent la suspension d'un adjoint d'Anne Hidalgo », Franceinfo, juillet 2020

Quelques heures après la manifestation, Christophe Girard démissionne et déclare sur les ondes de France Inter : «**J'ai fait le choix que ce serait très compliqué et invivable, étant un bon connaisseur des États-Unis et du mouvement qu'on appelle "cancel culture". L'annulation, l'effacement, la mise au pilori, la lapidation des personnes publiques et du monde de la culture en particulier. J'ai pensé que mon devoir était l'intérêt supérieur.**»[55]

CENSURER OU RÉÉQUILIBRER ?

D'autres personnes préfèrent traduire *cancel culture* par «remplacement», «rééquilibrage». C'est le cas de l'universitaire Iris Brey, spécialiste du cinéma et des séries télévisées. Dans son livre, elle décrit qu'«**il s'agit de mettre en avant plus d'œuvres réalisées par des femmes pour remplacer celles réalisées par des hommes. De célébrer un matrimoine, souvent annulé par notre culture qui a toujours mis les hommes en avant au détriment des femmes. Dans mes cours, je préfère donc par exemple utiliser *Cléo de 5 à 7*, d'Agnès Varda, plutôt qu'*À bout de souffle* de Jean-Luc Godard qui a une manière de filmer extrêmement genrée. Je veux montrer qu'il y a une autre manière de représenter les femmes.**»[56]

Activisme ou nouvelle forme de censure, la *cancel culture* dit surtout que les choses sont clairement en train de changer, que les minorités prennent la parole, et ce n'est qu'un début !

VOILÀ CE QU'EST LA CANCEL CULTURE !

55 « Une banderole avec "l'adjoint à la culture du viol", c'est d'une violence inouïe », Hélène Roussel, Christophe Girard, www.franceinter.fr, juillet 2020
56 *Le Regard féminin. Une révolution à l'écran*, Iris Brey, Points, 2021

ENVIRONNEMENT

LE *FUROSHIKI*

Quand c'est le moment d'emballer les cadeaux, pour Noël ou un anniversaire par exemple, certaines et certains d'entre nous pâlissent : les techniques de pliage ne sont pas toujours du plus bel effet, et le présent qui trône au pied du sapin a parfois triste allure. Et si vous tentiez le *furoshiki*, une technique nippone traditionnelle qui fera forte impression ?

UNE TECHNIQUE ANCESTRALE

Il s'agit de l'art japonais d'emballer des objets avec du tissu. La tradition a plus d'un millénaire et était utilisée par la noblesse japonaise pour envelopper des objets précieux. Littéralement, on peut traduire *furoshiki* par «tapis de bain». Quand ce mot est inventé, c'est d'abord pour désigner un tissu avec lequel les Japonais emballent leurs vêtements quand ils se rendent aux bains publics. Avec l'arrivée des machines à coudre, le tissu est de plus en plus utilisé pour transporter ses courses ou son repas. Et ce, jusqu'à l'arrivée, au milieu du XXe siècle, des sacs en plastique que l'on connaît si bien. Ces derniers, contre toute attente, n'ont pas eu la peau du *furoshiki*. C'est ce qu'on a d'abord cru, mais c'était sans compter la prise de conscience environnementale. Depuis le début des années 2000, cet art opère un retour en grâce au Japon. Le ministère de l'Environnement japonais le promeut ainsi depuis 15 ans et a même publié un guide sur les pliages possibles : de l'Otsukai Tsutsumi au Katake futuro, en passant par le Yotsu Musubi, il y en a pour toutes les formes et tous les goûts.

UN ART ÉCOLO

Celles et ceux qui ne parlent pas japonais peuvent se rassurer : voilà plusieurs années que l'art du *furoshiki* a largement dépassé les frontières nippones. À la veille de Noël 2020, le journal anglais *The Observer* note un intérêt grandissant pour la pratique. En France, l'entreprise Paké souhaite, elle, créer un «véritable *furoshiki* éthique à la française, avec des tissus végans 100 % recyclés, tissés et confectionnés en France». De fait, le *furoshiki* séduit de plus en plus parce qu'il est écolo. Adieu le papier jeté à peine déchiré : le tissu est réutilisable. Pas besoin non plus de Scotch ou de ficelle. Au passage, on sensibilise petits et grands aux gestes écoresponsables et, cerise sur le gâteau, si le tissu est joli, ça fait un double cadeau !

UN BON TISSU ET UN TUTORIEL

Ce peut être l'occasion d'instituer des échanges écoresponsables de papiers cadeaux : si vous offrez un beau *furoshiki*, la personne pourra l'utiliser elle aussi pour ses propres présents, et ce jusqu'à ce qu'un jour ce fameux emballage tissu vous revienne à nouveau. C'est ce qu'on appelle un cercle vertueux.

Mais comment s'y prendre quand on est novice ? Il est conseillé de choisir un tissu dont la diagonale fait trois fois la taille de l'objet à emballer. Il vaut mieux éviter les tissus trop épais afin que cela reste maniable. Pour la technique précise, il existe des milliers de vidéos sur YouTube consacrées à cet art, qu'il est aisé de suivre pour briller auprès des autres.

Et, quitte à se lancer dans l'emballage écolo, pensez également à vous passer de serviettes jetables pour les fêtes : chacun sa serviette en tissu lavable et réutilisable. C'est plus respectueux de l'environnement !

VOILÀ CE QU'EST LE *FUROSHIKI* !

TECH

LE TROU NOIR

En 2020, le prix Nobel de physique a mis les trous noirs à l'honneur. Le physicien britannique Roger Penrose, l'astronome américaine Andrea M. Ghez et l'astrophysicien allemand Reinhard Genzel ont reçu en octobre le prix pour leurs travaux concernant la découverte de ce fameux phénomène scientifique[57].

COMMENT FONCTIONNE UN TROU NOIR ?

Le trou noir le plus proche de nous se trouve à 1 011 années-lumière de notre planète et il en existe un dans chaque galaxie. Il se forme généralement quand une très grosse étoile meurt et qu'elle se concentre en un point compact. On l'appelle *trou noir* parce qu'il est invisible dans l'espace. Il n'émet aucun rayonnement lumineux. Mais sa force d'attraction est si forte que rien ne peut en sortir. Ni matière ni lumière. Tout ce qui franchit sa limite n'a pas d'espoir de retour, et cette sphère immatérielle, d'un noir absolu, ne peut se voir que par contraste sur fond lumineux. C'est le gaz chaud qui s'enroule autour du trou noir, avant d'être «avalé», qui permet d'identifier sa silhouette. Il a fallu des décennies de recherches pour comprendre ce phénomène.

Les trous noirs n'étant pas perceptibles par la vue, les astronomes ont mis en place des ruses pour les observer. Ils en ont ainsi détecté un au centre de notre galaxie, en remarquant que des étoiles tournaient autour d'un point invisible. Dans d'autres galaxies, ce sont d'immenses jets de matière qui ont trahi leur présence. Pour les repérer, les scientifiques se sont intéressés à ce qui se passe autour de ces trous, une manière d'en apprendre un peu plus sur leurs tailles, leurs densités et leurs comportements.

ALLER PLUS VITE QUE LA VITESSE DE LA LUMIÈRE

Comment le trou noir piège-t-il jusqu'à la lumière ? Pour répondre à cette question, il faut prendre un exemple qui permet de comprendre le phénomène de gravité. Quand nous lançons une balle en l'air, elle finit toujours par retomber. C'est l'effet de la gravité, qui l'attire vers le centre de notre planète. Si nous souhaitions que cette même balle échappe à la gravité terrestre, nous devrions la lancer à plus de 40 000 km/h. Plus un astre est massif et plus la vitesse doit être importante pour échapper à sa gravité.

Un trou noir est si grand que, pour en sortir, il faudrait aller plus vite que la vitesse de la lumière. Et comme rien ne peut vraiment la dépasser, la lumière elle-même s'y retrouve piégée.

57 *Mystérieux trous noirs*, Rushmore DeNooyer, https://boutique.arte.tv, 2018

DES AVANCÉES MAJEURES DANS LA RECHERCHE

Malgré cette réalité, nous avons tout de même pu observer ce phénomène à l'occasion d'une découverte scientifique majeure en 2019. Il ne s'agissait pas d'une simulation mais d'un véritable trou noir, identifié par huit télescopes spéciaux, et grâce à une collaboration internationale mobilisant pas moins de 200 chercheurs. C'était une avancée fondamentale, puisque les scientifiques étudient ce système depuis les années 1980. Ce trou noir particulier est relativement petit mais sa masse est néanmoins quatre fois plus importante que celle de notre soleil.

Cette découverte a permis de faire avancer la recherche sur différents points. On a notamment compris qu'il existait deux sortes de trous noirs : les stellaires et les hypermassifs. Les premiers sont le fruit de l'effondrement des étoiles supermassives en fin de vie. Leur masse représente dix fois celle du Soleil et mesure 100 kilomètres de diamètre. Les hypermassifs, eux, portent bien leur nom : leur masse représente plusieurs milliards de fois celle du soleil, et ils se trouvent au centre des galaxies. Jean-Pierre Luminet, astrophysicien français, a consacré trente ans de sa vie à étudier les propriétés physiques des trous noirs et les phénomènes lumineux qu'ils induisent. Il estime que leurs rayonnements sont parmi les plus puissants de l'univers.

VOILÀ CE QU'EST LE TROU NOIR !

CULTURE

NOTRE-DAME DE PARIS

Depuis 2019, nous fêtons le 15 avril un bien triste anniversaire, celui de l'incendie de la cathédrale Notre-Dame de Paris. Ce monument mythique a inspiré les hommes à travers les âges, comme les auteurs tout aussi mythiques. Le roman de Victor Hugo lui-même inspirera à son tour les artistes à travers différentes époques.

UNE RÉFLEXION SUR L'ARCHITECTURE

Il en a fallu du temps pour ériger l'édifice. Il a été finalisé en 1345, soit 200 ans après le début des travaux. Et, 500 ans plus tard, Notre-Dame tire un peu la tronche : elle a vécu la Révolution et d'autres événements ravageurs, les changements de gouvernement et le manque général de soins. À cette époque, le concept de « préservation historique » est loin d'être la préoccupation première.

C'est à ce moment qu'intervient Victor Hugo. C'est encore un jeune homme. Il entreprend l'écriture d'une histoire censée redorer le blason de ce monument, dans la perspective de transmettre aux lecteurs sa passion et sa fascination pour cette pièce d'histoire. Outre les célèbres personnages qui traversent l'intrigue – des Quasimodo, Esmeralda, Phoebus, Frollo et Cie – le sous-texte du livre constitue en réalité une longue dissertation sur l'influence de l'architecture sur nos vies, nos cultures, nos idées.

Et même si tout le monde meurt dans *Notre-Dame de Paris*, le monument, lui, survivra au temps et aux travers de notre humanité, peu reluisante dans l'œuvre d'Hugo. La cathédrale restera un éternel symbole français, plus qu'un bossu bourru ou qu'un archidiacre obsédé.

LE LIVRE DÉPASSE L'ÉDIFICE

Notre-Dame de Paris rencontre le succès dès sa sortie en 1831. Ce roman, dont la forme séduit de nombreux lecteurs, glorifie alors l'écrivain et convainc les profanes de s'intéresser de plus près à la cathédrale. Cette prise de conscience conduit à une rénovation complète de l'édifice en 1845 : c'est à ce moment qu'est construite la fameuse flèche qui la surmontera. Le monument devient alors un lieu incontournable de la capitale française.

Pourtant, le livre a rapidement eu un effet inverse de l'intention initiale de l'auteur. Les lecteurs, plus nombreux grâce à l'alphabétisation des masses, s'emparent de l'œuvre d'Hugo et vont progressivement effacer le message qui y est contenu : l'architecture. En effet, au fil du temps et des adaptations, l'angle original du roman disparaîtra, au profit de thématiques comme la justice sociale ou les évolutions de la société. C'est plutôt ironique, quand on sait que le texte original était plus cynique qu'humaniste, sans se préoccuper particulièrement des marginaux ou des maltraités. Hugo lui-même était plus proche de l'homme d'affaires que du socialiste convaincu. Dans le roman, tous les personnages sont vils, intéressés, stupides ou cruels, ou les quatre à la fois.

DISNEY ET CONSORS

Même passé par la patine Disney en 1996 avec *Le Bossu de Notre-Dame*, un dessin animé qui est néanmoins l'une des productions les plus sombres et matures du studio, le conte se veut plein d'espoir quant à la justice sociale, la tolérance et la bonté des hommes, le tout mâtiné d'une histoire d'amour tragique.

Mais il n'a pas fallu attendre Disney pour traduire l'œuvre originelle en un récit plus accessible, ou plus tolérable pour un public moderne. Cette version découle en fait d'une autre de 1836, soit quatre ans après la sortie du livre. Il s'agit de l'opéra *La Esmeralda*, écrit par Hugo lui-même, où Frollo n'est déjà plus très religieux et où l'histoire d'amour occupe le premier plan. Le récit est déjà plus lisse que le roman.

Et au cinéma, en 1923, déjà, Hollywood adapte l'œuvre dans une version plus proche de l'opéra que de l'histoire d'origine. Ce même film vivra un reboot en 1939 à l'occasion d'un mélodrame humain qui se met du côté des opprimés : c'est cela qui sera la véritable inspiration de Disney.

Notre-Dame de Paris est une œuvre qui évolue au fil de ses adaptations à travers différents médias, se nourrissant à la fois de son passé et de son présent. Une histoire finalement rendue à l'homme vivant dans l'ombre de ces cathédrales éternelles.

VOILÀ CE QU'EST *NOTRE-DAME DE PARIS* !

SOCIÉTÉ

L'EFFET MATILDA

La lutte pour l'égalité des sexes est une réalité permanente. L'effet Matilda illustre bien le travail qu'il nous reste encore à entreprendre pour les droits des femmes. L'expression est employée la première fois dans les années 1980 par Margaret Rossiter, historienne américaine[58]. Mais c'est en 1993, dans la revue *Social Studies of Science*, qu'elle en propose officiellement une définition. Elle constate que les femmes scientifiques ayant fait des découvertes majeures en sont souvent écartées, et que l'attribution revient systématiquement à des hommes. Résultat : les manuels d'histoire et les palmarès ne mentionnent pas ces femmes, malgré leur nombre important.

CONCRÈTEMENT, C'EST QUOI L'EFFET MATILDA ?

L'historienne a choisi ce nom en hommage à Matilda Joslyn Gage, une militante féministe américaine morte en 1898 qui, à l'époque, avait déjà remarqué que certains hommes s'attribuaient les pensées des femmes.

Margaret Rossiter a commencé ses travaux en reprenant la théorie de Robert Merton, un sociologue américain qui, dans les années 1960, a théorisé « l'effet Mathieu ». Il désignait alors le mécanisme de domination des scientifiques et des établissements les plus reconnus. Concrètement : les collaborateurs les moins réputés n'étaient jamais mis en avant. Et, bien souvent, il s'agissait justement de femmes[59].

Avec l'effet Matilda, la chercheuse a montré que cette domination peut être plus extrême encore. Si un homme et une femme font une découverte scientifique ensemble, seul le premier sera cité. Pour prouver ce phénomène, Margaret Rossiter est remontée à des études en sciences sociales datant des années 1950 et 1960. Les femmes ne figurent pas dans les échantillons, sous couvert de la nécessité d'avoir une certaine homogénéité.

DES SCIENTIFIQUES OUBLIÉES

La liste est très longue, et remonte parfois loin. Le premier nom découvert par la chercheuse américaine est Trotula de Salerne, une docteure italienne ayant vécu au XIIe siècle, à l'origine d'un ouvrage sur la gynécologie. En 1944, Lise Meitner, une astrophysicienne autrichienne, ne reçoit pas le prix Nobel, contrairement à Otto Hahn. Elle était pourtant à l'origine de la découverte de la fission nucléaire. Même cas trente ans plus tard : en 1974, Antony Hewish est célébré lui aussi du prix Nobel de physique pour la découverte des pulsars. Jocelyn Bell, elle, est complètement oubliée.

Nommons aussi la Française Marthe Gautier qui, en 1959, a découvert le chromosome responsable de la trisomie 21, aux côtés de deux hommes qui s'en

58 « L'effet Matilda, ou les découvertes oubliées des femmes scientifiques », Pierre Ropert, www.franceculture.fr, août 2018
59 *Ibid.*

sont attribué la paternité. Il faudra attendre 2014 pour qu'elle reçoive la Légion d'honneur en reconnaissance de son travail.

Peut-être connaissez-vous l'actrice Hedy Lamarr ? Elle a participé, en pleine Seconde Guerre mondiale, à la découverte d'un système de transmission toujours utilisé aujourd'hui, avec le Wi-Fi ou le GPS. Son travail est reconnu en 1997, trois ans avant sa mort.

UN TRAVAIL DE MÉMOIRE À ENTREPRENDRE

Toutes ces femmes n'ont pas eu droit à la reconnaissance qu'elles auraient méritée de leur vivant, excepté Marie Curie. Il a parfois fallu attendre leur mort pour parler de leurs découvertes. C'est à nous désormais de glorifier la mémoire de ces personnes dont les vies ont été dédiées à la science. Elles ont participé à la construction du savoir que nous utilisons aujourd'hui ; ne les oublions pas.

VOILÀ CE QU'EST L'EFFET MATILDA !

ENVIRONNEMENT

LA BIOMASSE

La biomasse est la matière organique, notamment issue des végétaux, qui est utilisée pour produire de l'énergie. On parle alors d'« énergie biomasse ». Pour les gouvernements européens, il s'agit de la principale source d'énergie renouvelable. Mais certaines ONG refusent de la considérer comme verte, ou durable. Qu'est-ce que cela signifie réellement ?

UNE ÉNERGIE REMISE AU GOÛT DU JOUR

« Biomasse », ça sonne un peu comme la dernière invention futuriste d'ingénieurs en biologie. Elle existe pourtant depuis la Préhistoire : les humains l'ont utilisée en brûlant du bois, pour cuisiner ou se réchauffer. Ce n'est que depuis quelques décennies que les pays industrialisés ont abandonné ce type d'énergie au profit des énergies fossiles, riches en carbone. Le problème, c'est qu'au rythme de consommation actuel, le pétrole pourrait s'épuiser d'ici 50 ans et que, dans un siècle, nous pourrions nous retrouver à court de gaz, de charbon et d'uranium[60]. Cette alerte pousse de nombreux gouvernements à s'intéresser de nouveau à cette fameuse biomasse.

UNE ÉNERGIE EN DÉVELOPPEMENT

La combustion du bois représente une partie de l'énergie biomasse, qui est encouragée dans plusieurs pays. Mais cette dernière peut aussi être obtenue grâce au biogaz, issu, lui, de la décomposition des matières organiques, notamment de nos déchets. Des centrales sont ainsi créées pour collecter le méthane qui se dégage de la fermentation, dans le but de produire de la vapeur et de l'électricité. En 2017, selon l'Agence internationale de l'énergie, 8 % de l'énergie consommée en Europe est ainsi issue de la biomasse. Et ces chiffres devraient augmenter puisque les États d'Europe investissent des milliards d'euros dans cette énergie.

60 « L'épuisement des ressources », sur www.edf.fr

UNE ÉNERGIE QUI FAIT DÉBAT

Ce nouvel intérêt pourrait-il être synonyme d'une alternative durable aux énergies fossiles ? Les Nations unies et l'Union européenne considèrent la biomasse comme une énergie renouvelable. Cependant, son usage fait débat, car elle n'est pas nécessairement propre. La combustion du bois, par exemple, reste l'une des principales sources de pollution aux particules fines. Il faut aussi savoir que toute combustion rejette du CO_2, un gaz à effet de serre. Ainsi, le Conseil de défense des ressources naturelles, une ONG américaine non gouvernementale, appelle les pays européens à développer les énergies solaire et éolienne en priorité[61].

Les défenseurs de l'énergie biomasse soutiennent que tout le CO_2 émis par la combustion de la biomasse est ensuite réabsorbé par les arbres et les plantes. Ils mettent aussi en avant les emplois créés par cette énergie à l'échelle locale, et le fait qu'elle participe au traitement et à la destruction des déchets organiques.

Bref, l'énergie biomasse n'est pas forcément durable. Mais si elle est encadrée pour ne pas surexploiter les ressources naturelles et ne pas émettre plus de gaz à effet de serre que ce que les plantes peuvent absorber, elle peut être une solution d'avenir.

VOILÀ CE QU'EST LA BIOMASSE !

61 « NRDC Report: EU Subsidies Lead to Forest Destruction », sur www.nrdc.org, novembre 2019

TECH

LE CRÉDIT SOCIAL

La Chine, ce pays au 1,4 milliard d'habitants sur une surface équivalente à 17 fois la France, déploie depuis plusieurs décennies d'impressionnants dispositifs d'ultra-surveillance de masse : la reconnaissance faciale, grâce à la vidéosurveillance massive et à plus de 600 millions de caméras déployées dans tout le territoire, ainsi que le contrôle et la censure du réseau social le plus populaire en Chine, à savoir WeChat… Aujourd'hui, la Chine va plus loin encore, en installant le système du crédit social[62].

BLACK MIRROR DANS LA VRAIE VIE

Ce fonctionnement repose sur une répartition de points qui évoluent positivement ou négativement en fonction des actions des individus. À 18 ans, chaque citoyen s'en voit attribuer 1 000 comme crédit de départ. S'il jette un papier par terre, par exemple, c'est une incivilité et elle lui coûte 50 points. S'il traverse au feu rouge, c'est 100 points de moins. Au contraire, s'il décide d'aider son prochain, en donnant son sang, par exemple, sa note remonte et repasse à 900 points. S'il dénonce la présence d'un délinquant à la police, il passe carrément au niveau supérieur avec 1 100 points[63]… Pour un peu, on pourrait se croire dans un épisode effrayant de la série *Black Mirror*, qui imagine les dérives négatives du numérique.

D'OÙ VIENT LE CRÉDIT SOCIAL ?

Comment ce système complètement fou a-t-il pris racine ? Au début des années 2000, Lin Junyue est chargé d'analyser le système de bonus/malus des assurances aux États-Unis. Il s'en inspire pour théoriser le concept du crédit social. L'idée de départ était de vérifier la solvabilité des citoyens et des entreprises[64]. L'idée a bien évolué depuis.

Toute personne étrangère résidant sur le territoire chinois est également concernée ainsi que les entreprises. Selon le principe en vigueur aujourd'hui, si une société est pénalisée, ses décideurs sont susceptibles de l'être aussi. Et ils peuvent se trouver privés de certains droits, comme celui de prendre l'avion.

Pourquoi avoir développé un tel système ? Les lois ne suffisent-elles pas ? Le gouvernement chinois surfe sur l'énervement perceptible des citoyens face aux multiples contrefaçons, aliments toxiques, laits de bébé contaminés, corruption des fonctionnaires locaux… La société chinoise est traversée par une véritable crise de confiance. Le crédit social a été instauré pour l'enrayer. En tout cas, c'est le message officiel.

62 Florent Tavernier, « La vérité sur le Crédit Social en Chine », sur www.youtube.com, janvier 2020
63 France 24, « Avec le "crédit social", la Chine classe les "bons" et les "mauvais" citoyens », sur www.youtube.com, mai 2019
64 *Ibid.*

UNE DICTATURE NUMÉRIQUE ?

La grille de notation du crédit social intègre toutes les dimensions de la vie d'une personne : la situation financière, les habitudes de consommation, l'évolution de la carrière professionnelle jusqu'au comportement sur les réseaux sociaux. Critiquer le gouvernement sur Internet, ou y exhiber des signes extérieurs de richesse, donnera un mauvais score. En revanche, des louanges au parti ou une délation augmentera la note.

Les citoyens modèles, ceux qui ont un haut score, ont des avantages dans les administrations d'État. Ils paient le trajet de bus moitié prix, ou profitent de réduction dans les musées et les bibliothèques… C'est comme une médaille à deux faces ; le mauvais score, lui, va enlever des droits. Et les personnes voient leur nom inscrit sur une liste noire, affichant leur visage et leur adresse sur les écrans de la ville…

En Occident, le système de crédit social effraie, et il est régulièrement comparé à la dystopie *1984* de George Orwell. Il faut savoir que ce contrôle à points est vu d'un bon œil en Chine. Une étude publiée par l'Université libre de Berlin révèle que 80 % des Chinois approuvent ce système de notation. Les habitants considèrent l'outil comme un moyen de lutter contre les escroqueries ou les crimes, avec l'objectif de réduire la crise de confiance, qui existe bel et bien dans le pays[65]. Mais peut-être voyons-nous notre propre avenir dans ce miroir chinois : la notation n'est-elle pas déjà omniprésente dans l'e-commerce et l'économie partagée ?

VOILÀ CE QU'EST LE CRÉDIT SOCIAL !

65 Témoignages issus du reportage France 24, 1er mai 2019

SANTÉ

LE SYNDROME DU CŒUR BRISÉ

Les confinements à répétition, l'isolement, l'incertitude économique, l'absence de projet et la coupure sociale liés à la crise sanitaire de la Covid-19 nous ont mis à rude épreuve depuis 2020. On se sent isolés, dans un environnement très resserré; les échanges avec l'extérieur se sont réduits et notre quotidien est fait d'inquiétudes sur la santé, les finances et l'avenir. Il s'agit de ruptures de différentes natures : professionnelle, conjugale, amicale, sociale ou médicale, qui génèrent du stress et peuvent être vécues avec plus au moins d'intensité. Dans certains cas, elles peuvent conduire à ce qu'on appelle le « syndrome du cœur brisé ».

UN FAUX INFARCTUS

Comment ce phénomène se déroule-t-il ? L'accumulation de stress conduit à une fragilité émotionnelle, qui peut aboutir à une paralysie du muscle cardiaque. Le cœur se met en état de sidération face à l'événement de trop, qui aurait pu être anodin en d'autres circonstances. C'est cela, le syndrome du cœur brisé, ou du *tako-tsubo*, un phénomène décrit pour la première fois au Japon dans les années 1990[66].

Il se manifeste par des symptômes proches de l'infarctus mais ce n'en pas un. L'infarctus résulte d'une artère qui se bouche et empêche le cœur de fonctionner. Le *tako-tsubo*, lui, est une paralysie d'une partie du cœur qui résulte de l'anxiété seule.

Mais comment est-ce possible ? Sous l'effet d'une libération massive des hormones de stress, cette partie de notre anatomie ne parvient plus à se contracter. Il s'agit de la dilatation du ventricule gauche du cœur, qui gonfle alors et prend un peu la forme d'un piège à poulpe. D'où ce terme, *tako-tsubo*, qui signifie « piège à poulpe » en japonais.

LES SIGNES DU SYNDROME DU CŒUR BRISÉ

Dans ce cas spécifique, c'est un peu comme si le cœur faisait un burn-out : il est à bout et doit s'arrêter. Comment peut-on alors reconnaître ses symptômes ? Il faut apprendre à lire les signes que le corps nous envoie. Parmi les plus fréquents, il y a l'essoufflement, une douleur brutale qui prend la poitrine en étau et irrigue le bras et la mâchoire, ainsi que les palpitations, la perte de connaissance ou le malaise vagal.

Ce phénomène concerne tout le monde, mais il est plus fréquent chez les femmes, plutôt anxieuses, et plus particulièrement au moment de la ménopause. 80 % des syndromes de *tako-tsubo* touchent en effet des femmes de plus de 50 ans, notamment parce qu'elles ne sont plus protégées par leurs œstrogènes[67]. Il peut s'agir également de personnes en situation de précarité. Au Centre hospitalier universitaire de Lille, on compte un nouveau cas par

66 « Le "Tako-Tsubo", un burn-out cardiaque par le travail », Sonia Kronlund, émission « Les Pieds sur terre », sur www.franceculture.fr, octobre 2019

67 *Ibid.*

semaine depuis le début de la pandémie. C'est une urgence cardio-vasculaire encore trop méconnue, à prendre très au sérieux, tout particulièrement en période de crise. L'appel au 15 est alors primordial. Comme dans un cas d'infarctus du myocarde, chaque minute compte : le syndrome peut nécessiter une hospitalisation en urgence, de manière à éviter des complications graves et permettre une prise en charge en soins intensifs cardiologiques.

COMMENT ÉVITER D'EN ARRIVER LÀ ?

Le meilleur moyen de prévenir ce type de syndrome, c'est tout simplement de prendre soin de soi, par exemple en mettant en place des routines spécifiques dans son propre mode de vie. Si vous êtes en télétravail, démarrez votre journée par une promenade en extérieur et respirez l'air frais avant d'allumer votre écran. Entre midi et deux, accordez-vous une micro-sieste digestive, après avoir profité d'un carré de chocolat noir. Le magnésium est lui aussi aussi un très bon antistress. La notion de plaisir est essentielle, mais attention aux excès : une bonne hygiène de vie reste la clé !

VOILÀ CE QU'EST LE SYNDROME DU CŒUR BRISÉ !

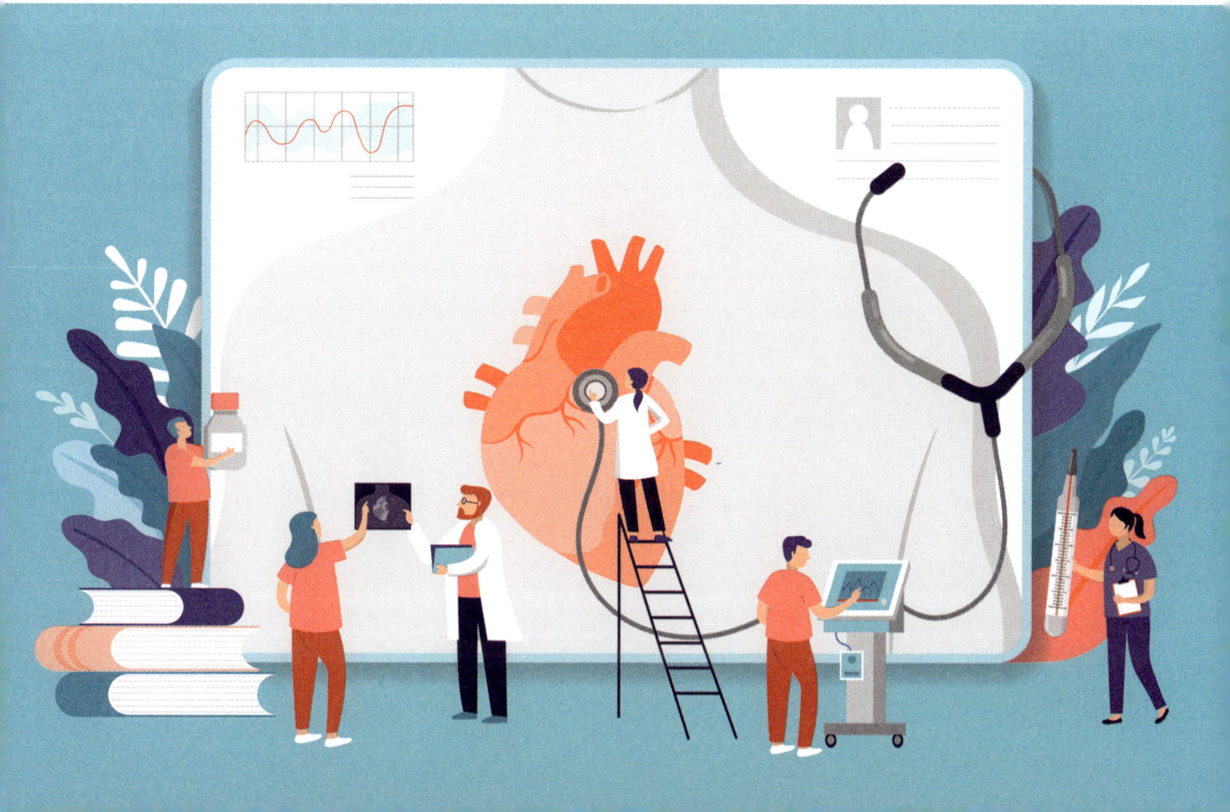

CULTURE

LE FESTIVAL D'AVIGNON

Tous les ans, début juillet, nous en entendons parler à la télé, à la radio, dans les journaux… Le théâtre envahit les rues, des scènes se dressent et les costumes valsent dans la cité des Papes. C'est le début du Festival d'Avignon. Mais peut-être n'y avez-vous jamais mis les pieds ? Ou, à l'inverse, peut-être y allez-vous à chaque fois, mais sans en connaître les origines ? Peut-être vous demandez-vous ce qui provoque cette concentration d'artistes et comédiens en tout genre, chaque année, à la même période ?

C'EST QUOI EXACTEMENT, CE FESTIVAL ?

Le Festival d'Avignon constitue la célébration d'un art, celui du théâtre et du spectacle vivant. La ville est alors prise d'assaut pendant trois semaines par nombre de troupes de théâtre, clowns, improvisateurs et humoristes, mais également par des spectateurs venus profiter de cette riche programmation.

Car le festival, c'est un nombre incroyable de spectacles tous disponibles au même endroit et au même moment, soit en moyenne 1 500 par an[68]. Il est ainsi considéré comme la plus grande manifestation de théâtre et de spectacle vivant au monde.

COMMENT LE FESTIVAL S'ORGANISE-T-IL ?

L'événement est divisé en deux parties, le «In» et le «Off». Le premier est le festival originel. Créé en 1947 par le comédien Jean Vilar, il est composé d'une soixantaine de spectacles par an. Ces derniers appartiennent au théâtre public et sont par conséquent financés par les subventions elles aussi publiques. À chaque édition, 100 000 billets sont vendus pour le «In», entre 30 et 40 euros la place. Il est plus institutionnel, voire considéré comme plus élitiste que le «Off».

Ce dernier, lui, a été créé en 1966 en réaction au premier festival. C'est le directeur de théâtre André Benedetto qui a eu cette idée dans le but de montrer la multiplicité du théâtre. Et c'est devenu, depuis, le gros de l'événement en termes de volume, avec en moyenne 1 500 spectacles par an, autofinancés par les troupes ou les producteurs : ils appartiennent donc au théâtre privé. Ils représentent 1 million de billets, vendus entre 10 et 20 euros la place. De fait, le «Off» est plus populaire que le «In», mais également plus inégal en termes de qualité.

68 Retrouvez toute la programmation et les archives sur le site https://festival-avignon.com/

LE PUBLIC PEUT-IL ASSISTER À TOUTES LES REPRÉSENTATIONS ?

Être spectateur au Festival d'Avignon, c'est avant tout faire des choix. Et pour cause, de 10 à 22 heures, dans plus de 170 salles de spectacles, il est possible d'enchaîner une performance pour enfant, un grand classique du théâtre et le one-man/woman-show d'un humoriste en devenir. Dans votre périple entre deux salles, vous pouvez même tomber sur un spectacle de rue. En tant que festivalier il faut être prêt à passer d'un univers à l'autre assez rapidement. C'est d'ailleurs ce qui donne à l'événement son ambiance si particulière, dans l'effervescence continue de la scène et des représentations. Et l'avoir vu renaître un an après son annulation, pour cause de pandémie, constitue une véritable victoire pour le spectacle vivant.

VOILÀ CE QU'EST LE FESTIVAL D'AVIGNON !

TECH

LES SOLDATS AUGMENTÉS

En décembre 2020, Florence Parly, ministre de la Défense, a annoncé que l'armée française se préparait à déployer des « soldats augmentés », c'est-à-dire des combattants dont les capacités physiques ou cognitives seraient augmentées grâce aux technologies[69]. Mais qu'est-ce que ça signifie ?

ENTRE ÉTHIQUE ET ENJEUX GÉOPOLITIQUES ?

Un comité d'éthique de la défense a été créé en 2019 pour réfléchir aux enjeux de déploiement de soldats « nouvelle génération ». Il est chargé d'apporter des éclairages sur les questions morales soulevées par les innovations scientifiques, techniques et leurs éventuelles applications militaires. En 2020, il a officiellement donné son feu vert pour pousser les innovations militaires dans ce sens et ne surtout pas risquer d'être en retard par rapport aux autres pays, notamment les États-Unis et la Chine. Cette dernière aurait justement réalisé des tests sur des soldats afin d'améliorer biologiquement leurs capacités.

QUAND LA SCIENCE-FICTION REJOINT LA RÉALITÉ

Selon le chercheur Jean-Christophe Noël[70], la perspective d'un combattant aux ressources physiques et cognitives transformées par la technologie a longtemps été cantonnée au champ de la science-fiction. La frontière commence donc à être franchie. Même si, pour le comité d'éthique, l'idée initiale n'était pas tant d'augmenter les capacités des soldats que de permettre aux blessés lors des combats de retrouver des sensations auditives ou visuelles. Florence Parly, ministre des Armées, précise les orientations grâce à une image parlante : « Oui à l'armure d'Iron Man et non à l'augmentation et à la mutation génétique de Spiderman. »

L'être humain a toujours cherché à augmenter ses capacités : des jumelles pour voir plus loin, des boucliers pour se protéger, des casques connectés… Pascal Nouvel, professeur en philosophie des sciences rappelle que, durant la Seconde Guerre mondiale, le combat se déroulait sous amphétamines : les Alliés recouraient à la benzédrine, les Allemands à la pervitine pour accroître leur vigilance et résister à la fatigue pendant les opérations[71]. Depuis, recherches et innovations se succèdent pour stimuler les facultés physiques ou cognitives du combattant, dans le but de renforcer son efficacité. Autrement dit, d'en faire ce fameux « soldat augmenté ».

69 Déclaration du 4 décembre 2020 au Digital Forum innovation défense

70 « À la recherche du soldat augmenté : espoirs et illusions d'un concept prometteur », Jean-Christophe Noël, *Focus stratégique*, n° 99, IFRI, septembre 2020

71 « Le soldat augmenté : Histoire des drogues et de leurs effets pour augmenter les performances des militaires dans les conflits récents », conférence de Pascal Nouvel, ministère de la Défense, 19 juin 2017

LE RESPECT DE LA DIGNITÉ DE LA PERSONNE

Pour le moment, il n'est pas question de transformer biologiquement ou génétiquement les soldats français mais d'introduire dans leurs équipements des technologies pour augmenter leurs performances. Ce peuvent être des prototypes d'exosquelettes permettant de porter des charges plus lourdes, ou encore, dans certains hélicoptères d'attaque, un casque augmenté pour asservir la direction du canon à la vision du pilote. La ministre précise : «Plutôt que d'implanter une puce sous la peau, nous chercherons à l'intégrer à un uniforme.»[72]

Elle a annoncé ne pas vouloir avoir recours aux techniques dites invasives : pas d'opérations chirurgicales ni d'implants. Chacune de ces augmentations fera l'objet d'analyses du rapport bénéfices-risques. La réversibilité sera également prise en compte. Ces évolutions ne devront pas aller à l'encontre du respect de la dignité de la personne, ni porter atteinte à son libre arbitre. Mais il nous faut rester vigilants pour éviter que la science-fiction ne prédise un avenir plus ou moins proche !

VOILÀ CE QUE SONT LES SOLDATS AUGMENTÉS !

72 Déclaration du 4 décembre 2020 au Digital Forum innovation défense

SOCIÉTÉ

LA GROSSOPHOBIE

L'obésité est une source de stigmatisation. Alors qu'elles représentent 17 % de la population française, les personnes en surpoids sont encore majoritairement absentes de l'espace public[73]. Elles sont souvent la cible de moqueries, humiliées et invisibilisées. Elles doivent faire face à de fréquentes critiques sur leur mode de vie et leur physique. C'est ce qu'on appelle la grossophobie, une forme de discrimination pouvant mettre à mal l'estime de soi d'un individu.

UNE VIOLENCE PSYCHOLOGIQUE

Très souvent perçue comme la grande oubliée des luttes contre les discriminations, la grossophobie n'en reste pas moins une réelle violence subie au quotidien. Elle s'exprime de différentes façons en présupposant que l'obésité de certaines personnes résulte de mauvais choix de vie. Elle dresse ainsi une hiérarchie des gens selon leur poids et prône la responsabilité personnelle de cet état. Ce message est permanent.

Sur le plan psychologique, les victimes qui en font les frais vivent une détérioration de leur valeur en tant qu'individus. Elles se dévalorisent nécessairement, et cela affecte leur qualité de vie, leur estime de soi et leur confiance. Elles peuvent même être tentées de s'isoler ou d'adopter des comportements néfastes pour leur santé.

ÊTRE GROS, C'EST PAS BIEN !

La société occidentale moderne nous fait croire que la beauté d'un individu réside exclusivement dans sa minceur. L'obésité est perçue comme diabolique, regardée avec horreur. Pour Catherine Grangeard, psychanalyste spécialisée dans l'accompagnement des personnes en surpoids, la grossophobie est intégrée dans notre manière même de penser : **« Nous sommes toutes et tous grossophobes à l'égard de la prise de poids, pas seulement face aux personnes en surpoids. On a intégré, par exemple, le fait qu'il ne fallait pas qu'on prenne trois ou quatre kilos en trop avant l'été. »**[74]

Ce conditionnement est si fort qu'il s'exprime même dans les algorithmes. Récemment, le magazine *Télérama* a fait l'objet d'une grave censure sur les réseaux sociaux en publiant la photo de couverture qui annonce un dossier spécial grossophobie. On y voit Leslie Butch, une activiste et DJ parisienne connue pour son engagement contre ce phénomène. La femme est nue, mais pas un téton à l'horizon, ni même de poils pubiens ou un semblant d'organe génital. Est-ce la nudité, ou la nudité de son corps en particulier, qui pose problème ?

73 Dossier « Obésité : une maladie des tissus adipeux », Inserm, en collaboration avec Karine Clément et Nathalie Viguerie, novembre 2019

74 *La Femme qui voit de l'autre côté du miroir*, Catherine Grangeard et Daphnée Leportois, Éditions Eyrolles, 2021

De son côté, la chanteuse américaine Lizzo a également fait savoir que le réseau social Tik Tok censurait certaines des séquences de vidéos où elle apparaissait en maillot de bain. Elle dénonce, non sans sarcasme : « **La plateforme continue d'effacer les vidéos de moi en bikini, mais autorise celles d'autres filles. Je me demande bien pourquoi.** » Son poids serait-il bien la raison de cette censure ?

LES DEUX FACES DES RÉSEAUX

Les réseaux sociaux peuvent aussi devenir des outils déterminants de lutte contre la grossophobie. Des communautés se créent et jettent les bases d'une véritable politisation de la question de l'acceptation du corps comme il est. Le mouvement du *fat acceptance* (« acceptation des gros ») directement inspiré du mouvement Body Positive, né à la fin des années 1990 aux États-Unis, encourage les personnes en surpoids à s'accepter comme elles sont.

Hélas, la charge subversive est rattrapée par le business et les marques. On plébiscite le corps gros, mais il doit être sexy et photogénique. Alors attention au *fat washing* et à l'opportunité que trouvent les marques à tirer profit de chaque discrimination, dès lors qu'elle devient politique, en mobilisant des communautés et donc de potentielles cibles consommatrices.

VOILÀ CE QU'EST LA GROSSOPHOBIE !

ENVIRONNEMENT

LE PARLEMENT DE LA MER

L'érosion des côtes, l'activité portuaire intensive, l'attractivité du littoral et le tourisme de masse... Ce sont autant de sujets qui ont tous une chose en commun : la mer. C'est pourquoi, depuis 2013, plusieurs assemblées spécialisées ont vu le jour en France. On les appelle les « Parlements de la mer ».

QUELLES SONT SES MISSIONS ?

Le Parlement de la mer est une instance politique, créée dans les régions de France métropolitaine qui présentent une façade maritime, comme l'Occitanie ou les Hauts-de-France. Depuis 2017, plusieurs ont pris le train en marche pour valoriser leur littoral, comme la Corse, ou encore la Nouvelle-Aquitaine. En novembre 2020, les Hauts-de-France créent à leur tour cette même instance.

Mais la première a vu le jour en 2013 à Montpellier, avec pour but de relancer l'activité maritime de la région, qui représente quand même 80 % de son économie[75]. Avec trois ports de commerce et 66 de plaisance, l'Occitanie constitue en effet la première flottille de pêche de la Méditerranée.

QUELS SONT LES RÉSULTATS ?

Ces travaux débouchent en 2017 sur le premier plan État-Région. Il s'agit d'un accord par lequel la région s'engage sur la formation professionnelle, le développement économique ou encore la qualité des eaux. Elle doit réunir 85 membres, dont 25 élus locaux et 60 acteurs de la mer, comme des associations de pêcheurs ou des scientifiques.

Mais selon Philippe Gagnebet, journaliste au *Monde*, l'instance inédite a un peu déçu. Aucun budget n'a vraiment été dégagé des multiples réunions qui se sont tenues. L'élu occitan chargé de cette sous-assemblée a déploré un millefeuille administratif en manque d'argent pour créer de l'emploi, relancer l'économie maritime et répondre aux menaces environnementales.

L'Occitanie dispose d'un budget de 3,6 milliards d'euros. À titre de comparaison, la Catalogne, de l'autre côté des Pyrénées, débourse dix fois plus pour les mêmes politiques. D'autant que le Parlement de la mer ne joue pas non plus un rôle de contre-pouvoir : en mai 2021, son président Didier Codorniou a interpellé le Premier ministre Jean Castex afin de lui demander la réouverture précoce des plages occitanes.

75 « Assemblée plénière du Parlement de la mer du Languedoc-Roussillon à Montpellier », *Pôle Mer Méditerranée*, 12 novembre 2014

LE PARLEMENT DE LA MONTAGNE

À l'instar du littoral, certaines régions tentent de valoriser leurs reliefs. En 2018 apparaît alors le Parlement de la montagne, petit frère du Parlement de la mer en Occitanie. De nombreux sujets ont été abordés à l'occasion d'une session plénière, comme la précarité des saisonniers[76].

N'importe qui peut participer aux réunions, mais il est difficile de mesurer la force de frappe de cette assemblée. Si les parlementaires de la montagne sont par exemple d'accord pour lutter contre la précarité des saisonniers, il reste encore à en convaincre d'autres, en l'occurrence ceux de l'Assemblée nationale. Et ça, c'est une autre affaire.

VOILÀ CE QU'EST LE PARLEMENT DE LA MER !

76 Synthèse du programme de travail 2018, à retrouver sur le site du Parlement de la montagne (https://www.laregion.fr/Parlement-de-la-Montagne)

SANTÉ

L'ANDROPAUSE

La précieuse série documentaire *LSD* sur France Culture a consacré plusieurs épisodes à la ménopause, et l'andropause y occupait également une place de choix[77]. Ce terme vient du grec *andros* qui signifie « homme », et *pausis* qui veut dire « cessation ». Elle survient généralement très progressivement et se manifeste principalement par une baisse de testostérone chez les hommes.

UNE RÉALITÉ CLINIQUE

Comme les femmes, les hommes subissent avec l'âge des variations comportementales liées à des modifications hormonales. Bien que moins connue que la ménopause féminine, l'andropause est une réalité clinique. Il s'agit d'un phénomène physiologique sans lien direct avec une quelconque maladie, pouvant ainsi survenir sans cause pathologique réelle. Même si elle peut arriver de manière précoce, l'andropause est en quelque sorte le témoin du vieillissement.

Même si ménopause et andropause existent en miroir, ils ne se manifestent pas de la même manière. Il y a certes une variation hormonale avec l'âge et des conséquences directes chez les individus, quel que soit le genre. Toutefois quelques nuances existent chez les hommes, qui conservent, par exemple, leur fonction reproductive.

QUELS SONT LES SIGNES DE L'ANDROPAUSE ?

Certains des symptômes de ce phénomène sont comparables à ceux de la ménopause, comme les troubles de l'humeur ou une baisse de la libido. D'autres sont d'ordre physique : fatigue, bouffées de chaleur, sudation, diminution de la masse musculaire, recul de la pilosité… Ils engendrent des conséquences psychologiques directes, comme la perte de confiance en soi, l'irritabilité ou la dépression. Car l'andropause est souvent mal connue ou mal diagnostiquée.

Elle est quelquefois difficile à détecter car ses symptômes ressemblent à ceux d'une dépression. En cas de troubles érectiles autour de 50 ans, et quel que soit l'âge en cas de troubles du désir, il est nécessaire de consulter pour mesurer le taux de testostérone, et en profiter pour effectuer un bilan prostatique afin d'écarter les risques liés au cancer de la prostate.

Elle peut être traitée par l'administration de testostérone. Des plantes comme le ginseng peuvent également avoir un effet boosteur du taux de testostérone tout comme l'activité physique.

77 « "Andropause ton gun", une sombre histoire d'hormones », émission « LSD, la série documentaire », Perrine Kervan, www.franceculture.fr, mars 2021

LES SENTIMENTS PRENNENT LE DESSUS

Toutefois, cette réalité biologique et naturelle ne prend pas en compte la notion du désir et de l'attirance. Chez un homme très amoureux, qu'importe un taux de testostérone en berne. Les réactions physiologiques seront plus longues à venir, par exemple durant les rapports sexuels, mais tout fonctionnera à un certain point, car ce sont les sentiments qui prennent le dessus. Cela, à condition que la compagne ou le compagnon soit à l'écoute, prêt·e à prendre l'initiative pour réveiller doucement mais sûrement cette libido qui sommeille.

VOILÀ CE QU'EST L'ANDROPAUSE !

CULTURE

LE CHANTIER CHAOTIQUE DE LA SAGRADA FAMILIA

«Je ne sais pas encore si nous avons donné ce diplôme à un fou ou à un génie, l'avenir nous le dira.» Cette phrase, c'est celle que prononce le directeur de l'école d'architecture de Barcelone, Elies Rogent, lorsqu'il remet son diplôme à Antoni Gaudí, l'une des futures figures de proue de l'Art nouveau.

Et il avait vu juste : Gaudí se révèle un génie aux visions tout droit sorties d'un rêve. Il fait les belles heures du modernisme catalan, un mouvement artistique qui va littéralement transformer la ville de Barcelone à la fin du XIXe siècle. Il est un créateur multi-talents, qui s'intéresse à l'architecture des bâtiments dans leur globalité, s'occupant tant de la structure de ses édifices que du plus petit détail de leur décoration. Il va livrer des œuvres devenues emblématiques telles que le parc Güell, la Casa Mila ou les lampadaires de la place Royale.

Mais pour beaucoup, sa plus emblématique création reste l'église de la Sagrada Familia.

UN PROJET D'ENVERGURE

Ce projet, initialement, est en réalité celui de Francisco de Francisco de Paula del Villar y Lozano, qui planche sur une architecture néogothique plus classique. La construction débute en mars 1882 au milieu des champs et des usines. Gaudí, lui, s'y consacre concrètement à partir de 1915 avec la vision qu'on lui connaît.

Si elle reste classique dans sa structure, il n'en est rien de la forme, au style de l'artiste bien identifiable, souvent jugé organique. Cette influence lui vient de sa jeunesse : de santé fragile, le jeune Antoni passe beaucoup de temps confiné chez lui à observer la nature qui l'entoure. Pour lui : «L'originalité consiste à revenir aux origines.»

Il considère que l'être humain n'invente rien car la nature a déjà tout écrit. Dans le même ordre d'idée, il souhaite que l'église soit le plus haut monument de Barcelone avec ses 170 mètres, presque autant que le Montjuïc, la plus haute colline de la ville. Il n'entend néanmoins pas la dépasser car il juge irrespectueux de vouloir se montrer plus prétentieux que la nature.

Il conceptualise aussi trois façades, chacune illustrant une phase de la vie de Jésus : la Nativité, la Passion et la Gloire.

LA CONSTRUCTION INTERROMPUE PLUSIEURS FOIS

Il est clair que cette construction aux mille détails n'a rien d'une sinécure. D'autant que le chantier est interrompu durant la guerre civile espagnole. Mais le drame intervient en juin 1926. Lors d'un trajet du pieux Antoni, entre l'église de Sant Felip Neri et la Sagrada Familia, un tramway déboule et renverse l'artiste. Sur le moment, tout le monde pense que l'homme à terre est un sans-papiers. Les soins tardent à venir. Le curé de la Sagrada ne reconnaît l'architecte qu'à l'hôpital. Il meurt peu de temps après. La construction du monument n'en est alors qu'à son quart.

LE CHANTIER SE TERMINERA-T-IL UN JOUR ?

Aujourd'hui, c'est l'architecte en chef Jordi Faulí i Oller qui s'occupe du projet. Les travaux devraient toucher à leur terme en 2026, ou en tout cas dans le premier tiers du XXIe siècle selon certaines voix plus pessimistes. En réalité, tout dépend du montant des donations des visiteurs, le chantier n'étant financé que par le mécénat. Quand elle sera enfin achevée, la basilique comptera 18 tours et sera la plus grande église au monde. Elle est déjà la plus visitée, signe que, malgré ses particularités, elle plaît finalement à tout le monde. Ou presque : d'après George Orwell, il s'agit peut-être du monument le plus hideux jamais bâti[78]. *Gracias, George* !

VOILÀ CE QU'EST LE CHANTIER CHAOTIQUE DE LA SAGRADA FAMILIA !

78 *Homage to Catalonia*, George Orwell, Secker and Warburg Publishing, 1938

SANTÉ

LE POST-PARTUM

C'est un terme qui est assez peu connu, mais dont on parle davantage ces dernières années, et particulièrement depuis la sortie du livre d'Illana Weizman, *Ceci est notre post-partum*[79]. Pour réaliser cet ouvrage, la sociologue est partie de son expérience personnelle, vécue après la naissance de son fils. Elle a alors été confrontée à une réalité bien différente de l'image véhiculée par la société de la jeune mère épanouie avec son nouveau-né, une situation dont personne ne lui avait parlé. Le post-partum est la période qui commence à l'accouchement et se poursuit jusqu'au retour des règles. Elle dure en moyenne six semaines, mais elle peut être nettement plus longue. Au niveau physique, comme psychologique, l'accouchement laisse des traces.

C'EST QUOI CONCRÈTEMENT, LE POST-PARTUM

Il ne faut pas croire que l'accouchement est la finalité du processus, que la femme rentre à la maison et que tout va parfaitement bien. Non, l'opération suppose une vraie convalescence, et plusieurs symptômes peuvent toucher différemment les individus. Elles peuvent avoir des saignements post-accouchement plus ou moins abondants, appelés lochies, ou encore des fuites urinaires, des hémorroïdes, ainsi que des contractions. Ça, c'est uniquement au niveau physique. La santé mentale est elle aussi en cause. De manière générale, le post-partum touche une femme sur cinq.

QUELLE DIFFÉRENCE AVEC LE BABY BLUES ?

Il ne faut pas confondre les deux situations : le *baby blues* est un phénomène hormonal, une sorte de déprime avec des sautes d'humeur touchant les femmes qui accouchent, et qui peut s'atténuer et disparaître au bout de quelques jours. Au contraire, la dépression post-partum est plus grave et plus longue. Elle n'intervient que plusieurs semaines voire plusieurs mois après l'accouchement et se caractérise par différents symptômes. Ce peut être, par exemple, une humeur dépressive, des difficultés à dormir, une grosse fatigue permanente, une perte d'appétit, des envies de pleurer permanentes, un sentiment de culpabilité et d'impuissance face aux nouvelles responsabilités de la maternité et la peur de mal faire. En bref, de quoi bousculer le quotidien d'une jeune mère.

79 *Ceci est notre post-partum. Défaire les mythes et les tabous pour s'émanciper*, Illana Weizman, Marabout, 2021.

LA CENSURE D'ABC

Ce phénomène est aujourd'hui considéré comme tabou, à la manière d'un grand nombre de choses qui touchent au corps de la femme, les règles par exemple, ou l'endométriose. C'est ce qu'explique Illana Weizman[80]. En février 2020, elle lit un article sur la censure d'une publicité pour des produits d'hygiène post-partum, qui aurait dû être diffusée pendant la soirée des Oscars, mais qui a finalement été censurée par la chaîne américaine ABC. Elle regarde la vidéo, y cherchant quelque chose qui pourrait être choquant et aurait provoqué cette condamnation. Rien pourtant ne lui saute aux yeux. La pub avait été jugée «trop explicite» alors qu'elle présentait simplement une femme allant aux toilettes, marchant avec difficulté et mettant une protection périodique. Tout cela fait partie du post-partum : porter des serviettes hygiéniques, ou même des couches, ressentir encore tellement de douleur qu'il est difficile de marcher…

Avec d'autres militantes féministes, elle lance alors le hashtag #MonPostPartum avec l'objectif de lever ce tabou et de mettre fin à «**l'invisibilisation et la détresse des jeunes mères**». En quelques jours, les photos et témoignages de femmes vivant ce phénomène se multiplient. Cette prise de conscience et de parole devrait permettre de ne plus avoir honte et de ne plus cacher son post-partum. Mais, surtout, d'y être préparée, de pouvoir en parler avec des spécialistes de santé et ses proches, et ce dès le début de la grossesse pour profiter ensuite d'un accompagnement par un médecin généraliste ou un psychologue.

VOILÀ CE QU'EST LE POST-PARTUM !

80 *Ibid.*

TECH

LE BARDCORE

Connaissez-vous la chanson *Hips Don't Lie* de Shakira et Wyclef Jean ? Sortie en 2005, elle est l'une de celles qui ont propulsé la chanteuse colombienne sur le devant de la scène musicale. En parallèle, elle sort ce même titre, avec des arrangements musicaux qui renvoient à un certain folklore médiéval. Shakira, pourtant, n'a pas plagié un artiste du temps des rois, non : la musique a été créée par des « troubadours du XXIe siècle » : des bardes qui s'amusent à faire des reprises de tubes planétaires, mais en version Moyen Âge. Ils ont nommé ce style de musique le « bardcore », ou « tarnwave ».

LE DÉBUT D'UN PHÉNOMÈNE

Cela fait plusieurs années déjà que des musiciens explorent le Moyen Âge musical, son style et ses instruments. Mais la naissance du bardcore est très récente, en avril 2020. Quand le monde entier est confiné entre quatre murs, Cornelius Link, un Allemand de 27 ans, sort une reprise médiévale d'un mème devenu célèbre, *Coffin Dance*[81].

Plusieurs comptes YouTube apparaissent dans la foulée et publient d'autres reprises médiévales. Certains bricolent rapidement des sons sur logiciel, d'autres s'enregistrent carrément avec des instruments d'époque : lute, pipeau, harpe, tambourin…

Parmi les différents titres retravaillés, on trouve notamment *Bad Romance* de Lady Gaga, une version vue 6 millions de fois en sept mois seulement. Et parfois, comme c'est le cas dans cette adaptation, les paroles sont même traduites en vieil anglais.

DE LA MUSIQUE MÉDIÉVALE 2.0

Parker Marshall, un agent immobilier du Michigan, est le parolier d'un musicien bardcore. Il explique sur sa chaîne YouTube sa démarche de traduction de textes de pop en anglais du XVe siècle : « **C'est le même anglais que celui de la Bible du roi Jacques, de Shakespeare ou de Marlowe. Je prends leur grammaire, vocabulaire, syntaxe et réécris les paroles.** »[82]

Côté instrumentation, le bardcore est assez fidèle à la musique du Moyen Âge, mais cette dernière n'était pas codifiée comme l'est la pop actuelle, c'est-à-dire monodique, à une voix. Mais l'effet recherché n'est pas celui de l'authenticité. Les joyeux troubadours 2.0 entendent surtout nous faire danser dans une faille spatio-temporelle.

81 « Never mind the ballads! How bardcore took over pop music », sur www.thegardian.com, juin 2020
82 « What is Bardcore? », Parker Marshall, www.youtube.com, octobre 2020

LE MOYEN ÂGE A LA COTE !

Il est vrai que le Moyen Âge a le vent en poupe. On peut penser à l'avènement de séries comme *Game of Thrones*, ou de comptes Instagram de mèmes médiévaux. Le phénomène est tel qu'un journaliste de *20 Minutes* se demandait : «est-ce la peste noire qui a relancé la hype autour du Moyen Âge, en cette période de pandémie mondiale ?»[83]

On a demandé son avis à Fanny Cohen-Moreau, du podcast «Passions Médiévistes», qui n'était pas surprise. Pour elle, «**le Moyen Âge est à la mode parce qu'on y a inventé beaucoup de choses et que c'est une période beaucoup plus riche qu'on ne le pense**». Rendez-vous sur sa chaîne pour plonger tout entier dans cette période de l'histoire trop souvent stigmatisée ! Et en attendant, avis aux créatifs francophones : on attend impatiemment les reprises bardcore d'Aya Nakamura ou d'Édith Piaf en vieux *françois*.

VOILÀ CE QU'EST LE BARDCORE !

83 «Comment le Moyen Âge s'est imposé comme la période de l'histoire la plus hype du moment», Clément Rodriguez, www.20minutes.fr, septembre 2020

SOCIÉTÉ

LE PERVERS NARCISSIQUE

On entend beaucoup parler du pervers narcissique, des personnes séductrices, manipulatrices, qui font de la vie de leur conjoint ou de leurs proches un enfer. Sommes-nous tous entourés de pervers narcissiques ?

La terminologie « pervers narcissique » nous vient de la psychanalyse. Elle naît dans les années 1980 et se popularise au début des années 2000. Narcisse, c'est ce personnage mythologique amoureux de son image, qui se penche au-dessus de l'eau pour contempler son reflet, jusqu'à se noyer dans la rivière.

EST-IL DANGEREUX ?

S'il faut faire un parallèle entre le mythe et la psychanalyse, on pourrait dire qu'un pervers narcissique, c'est Narcisse qui prend du plaisir à noyer les autres pour encore mieux s'admirer. *Grosso modo.*

Les personnes perverses narcissiques auraient les caractéristiques suivantes : elles ont une mauvaise image d'elles-mêmes, elles mentent et rabaissent les autres pour gagner en confiance personnelle. Elles donnent l'apparence d'être supérieures, ont besoin d'être admirées et sont conscientes de leur pouvoir de manipulation, tout en étant dénuées d'empathie face à la souffrance des autres[84].

Statistiquement, les pervers narcissiques seraient plus souvent des hommes. Ils agissent au sein de leur couple, mais aussi avec leurs collègues de travail, leurs amis ou les membres de leur famille. Les causes de ces comportements ne sont pas identifiées, même si certains psys font l'hypothèse que les pervers narcissiques auraient eu une enfance surprotégée, avec des attentes très élevées, ou bien auraient été abusés et négligés.

TOUS NARCISSIQUES, TOUS PERVERS ?

« Je vais me méfier de tous les gens que je rencontre… » Attention à ne pas voir des pervers narcissiques partout. Le terme est devenu une notion de psychologie populaire, relayée dans tous les médias. C'est en effet l'un des mots-clés les plus recherchés sur Google en 2019. Pour autant, cette personnalité destructrice reste plutôt rare. Elle n'est d'ailleurs pas reconnue par la psychiatrie, où l'on parle plutôt de « trouble de la personnalité narcissique », qui ne toucherait pas plus de 0,4 % de la population. Ceux qu'on appelle un peu vite pervers narcissiques présentent parfois un ou plusieurs traits de caractère de ce trouble psychiatrique.

« Pervers narcissiques ou non, il faut les soigner ! » De l'avis des psys, il serait quasi impossible de changer un pervers narcissique tant qu'il n'a pas pris conscience de cette situation. La seule issue

84 *Manuel diagnostique et statistique des troubles mentaux (DSM-V)*, Association américaine de psychiatrie, 2015

pour les personnes victimes serait de mettre fin à leur relation avec le pervers, avant d'en arriver à l'épuisement. C'est une situation très délicate pour les victimes, qui ressentent de la culpabilité, ont tendance à se dévaloriser, à ne plus se sentir elles-mêmes, tout en contrôlant tout ce qu'elles disent et en faisant face à beaucoup de critiques.

C'EST PAS TOI, C'EST MOI

Mais avant de mettre un terme à cette relation, il faut déjà prendre conscience qu'elle est toxique. Ce qui n'est pas facile quand le pervers narcissique joue de ses deux visages, tantôt agressif, tantôt aimant, et se montre toujours sous son meilleur jour auprès des proches, qui ont tendance à ne pas croire la victime. Quand cette dernière tente de lui échapper, le pervers narcissique met tout en œuvre pour garder son emprise, quitte à revêtir son plus beau masque pour la séduire à nouveau. Bref, les victimes ont intérêt à être bien entourées de leurs proches, mais aussi de professionnels de la santé, voire même d'avocats.

VOILÀ CE QU'EST LE PERVERS NARCISSIQUE !

ENVIRONNEMENT

LES HYDROFLUO-ROCARBURES (HFC)

Réfrigérateur, congélateur, climatiseur… En fabriquant du froid pour sa maison, l'humain réchauffe notre maison à tous : la planète Terre. C'est en partie dû aux HFC, les hydrofluorocarbures, des gaz fluorés qui permettent de produire du froid, et qui polluent énormément.

DES COMPOSÉS QUI TROUENT LA COUCHE D'OZONE

Le règne des HFC est assez récent. Jusqu'aux années 1980, on fabriquait du froid essentiellement avec des CFC, les chlorofluorocarbures. Les scientifiques ont alors compris que ces composés chimiques étaient en train de trouer la couche d'ozone, avec un potentiel de réchauffement global de 10 000. Cela signifie qu'un kilo de CFC contribue 10 000 fois plus à l'effet de serre qu'un kilo de dioxyde de carbone[85]. En 1987, de nombreux États dont les pays européens signent alors le protocole de Montréal, qui vise à arrêter leur utilisation.

À cette époque, les industriels du froid misent tout sur un nouveau cheval, les HFC, a priori inoffensifs pour la couche d'ozone. Aujourd'hui, on en trouve dans les réfrigérateurs, les aérosols, les mousses d'isolation. Et les climatiseurs sont en pleine expansion dans le monde entier, notamment dans les pays en voie de développement, ce qui explique en partie une augmentation de 10 à 15 % des émissions de HFC chaque année[86].

LES HFC, DES COMPOSÉS TRÈS POLLUANTS

C'est à ce moment que l'on réalise que les HFC sont eux aussi mauvais pour la planète. Et pour cause : leur potentiel de réchauffement global est égal à 1 000, un score qui le place dans le top 6 des principaux gaz à effet de serre[87]. Des discussions débutent en 2009 pour les éliminer à leur tour. Il faut dire qu'avec une durée de vie faible, l'élimination de ces gaz pourrait avoir un effet positif rapide sur le climat. En octobre 2016, un accord historique est signé à Kigali, au Rwanda. Les pays développés doivent réduire leurs émissions de HFC de 85 % d'ici 2036 et les pays en développement ont dix ans de plus pour atteindre ce même objectif[88].

De fait, si ces engagements sont respectés, on pourrait éliminer 72 milliards de tonnes d'équivalent CO_2 d'ici 2050, ce qui correspond à deux années d'émissions mondiales. Des études estiment même qu'on réduirait le réchauffement climatique de 0,5 °C d'ici 2100 en arrêtant d'émettre des HFC[89].

---

85 « L'interdiction des HFC sauvera-t-elle la planète ? », Nathalie Mayer, www.futura-sciences.com, octobre 2016

86 *Ibid.*

87 « Gaz à effet de serre fluorés », sur https://ec.europa.eu

88 *Ibid.*

89 Nathalie Mayer, art. cité.

COMMENT FABRIQUER DU FROID SANS CES COMPOSÉS

Il existe des alternatives, les hydrofluoro-oléfines, HFO, dont le potentiel de réchauffement global est proche de 1[90]. On peut aussi utiliser des fluides naturels (ammoniac, CO_2, hydrocarbures) et même des aimants. L'idée vise à mélanger ces techniques, car aucune n'est 100 % efficace, sûre et écolo.

Le problème à l'heure actuelle, c'est surtout qu'on assiste à la mise en place d'un énorme marché noir de HFC. En 2019, des quantités représentant 31 millions de tonnes d'équivalent CO_2 auraient été importées illégalement en Europe, principalement de Chine. Pour le Conseil européen de l'industrie chimique, « ce marché parallèle sape les efforts de l'UE pour atteindre ses objectifs climat. »[91]

VOILÀ CE QUE SONT LES HYDROFLUOROCARBURES !

90 *Ibid.*

91 « Des quantités de HFC représentant 31 Mt CO_2e auraient été importées illégalement dans l'UE en 2019 (analyse de l'EFCTC) », sur www.citepa.org, mars 2021.

CULTURE

LE PLAGIAT DE JEAN DE LA FONTAINE

En 2021, nous avons célébré les 400 ans de la naissance de Jean de La Fontaine, poète à qui l'on doit plus de 250 fables dans lesquelles sont dépeints les traits de ses contemporains et la faiblesse des hommes. « L'apparence en est puérile, je le confesse, mais ces puérilités servent d'enveloppe à des vérités importantes », les décrit-il lui-même[92]. Certaines ont fait le tour du monde, d'autres sont toujours étudiées dans nos écoles. Au fil des biographies, on a dit beaucoup de choses à son propos, dont le fait qu'il ne serait qu'un vulgaire plagieur.

LE VRAI-FAUX MYTHE LA FONTAINE

Il faut dire que La Fontaine a fait couler beaucoup d'encre. On a dit de lui que c'était un rêveur, un paresseux et un coureur de jupons, qu'il a géré ses terres et son mariage par-dessus la jambe, pour prendre le temps d'écrire et de fréquenter le peuple. Tout cela est sans doute un peu vrai même si, grâce à ce mariage, le poète s'est trouvé un mécène en la personne de Fouquet, le surintendant de Louis XIV, et un ami en la personne de Racine.

Né en 1621 à Château-Thierry, en Picardie, Jean était destiné à devenir capitaine de chasse comme son père, puis avocat ou bien prêtre. Mais rien ne se passera ainsi. Après avoir fui le nid conjugal, le jeune homme profitera du passage d'une duchesse dans sa ville, qui remarque l'agilité de sa plume, pour partir en direction de Paris à ses côtés.

DES CONTES GRIVOIS AU FABLES ANIMALIÈRES

Il n'est pas encore le fabuliste qu'on connaît. Ses écrits sont des contes grivois, un genre à la mode dans les milieux mondains de l'époque. Et ce sont ces textes qui vont attirer l'attention sur lui. Des femmes de lettres comme Mme de Sévigné ou Mme de La Fayette les qualifient déjà de chefs-d'œuvre.

De son vivant, La Fontaine est ainsi davantage connu pour ses histoires friponnes que ses fables animalières. Pourtant, à l'époque, le goût du public s'était déjà affiné et on s'extasiait davantage devant l'écriture d'un Molière, d'un Boileau ou d'un Racine. Cela n'empêchait pourtant pas ces auteurs, devenus incontournables, de se fréquenter dans les salons.

À l'occasion de l'un de ces repas, alors que le poète se faisait railler pour ses rêveries, Molière aurait même pris sa défense : « Ne nous moquons pas du bonhomme, il vivra peut-être plus que nous. »[93]

92 « Épître à Monseigneur le Dauphin » dans *Fables*, Jean de La Fontaine, Bernardin-Béchet, 1874
93 Propos rapportés par Louis Racine, consignés dans *Mélanges philosphiques et littéraires*, tome 2, Louis Simon Auger, 1828

Les premières fables sont écrites quelques années plus tard, alors qu'il a déjà 47 ans. Elles ne lui amèneront pas la prospérité espérée, et ce malgré le succès relatif des trois recueils et le respect de ses pairs pour avoir donné ses lettres de grâce à un genre dit mineur. Mais il profite néanmoins, tout au long de sa carrière, de l'hospitalité de plusieurs protecteurs ou protectrices, notamment Fouquet, la duchesse d'Orléans ou Mme de La Sablière chez qui il logera 20 ans durant.

L'INSPIRATION DES FABLES

Pour construire l'œuvre qu'on lui associe aujourd'hui sans conteste, il a puisé dans les récits de l'Antiquité gréco-romaine, pour lesquels il éprouvait un respect et une fascination sans borne. Il a tout particulièrement été séduit par les écrits d'Ésope, célèbre poète du VIIe siècle avant J.-C. L'écrivain grec est justement connu pour être l'auteur de centaines de fables, parmi lesquelles *Le corbeau et le renard* et *La cigale et la fourmi*. Néanmoins, si certaines histoires sont plus que similaires, La Fontaine les a entièrement revues avec une agilité toute harmonieuse, une écriture qui paraît évidente à la lecture et qui n'a pourtant jamais été égalée. Il a transcendé tous ses matériaux d'origine : Ésope, certes, mais aussi le *Roman de Renart*, le sage indien Pilpay... Malgré ces adaptations, il n'a jamais dissimulé ses références, de la même manière qu'il a laissé entrevoir sa personnalité à travers son œuvre. Ces fables ont révolutionné le genre et sont aujourd'hui pleinement intégrées dans le système éducatif français. Pas mal pour un rêveur paresseux !

VOILÀ CE QU'EST LE PLAGIAT DE JEAN DE LA FONTAINE !

SANTÉ

LA SANTÉ MENTALE

La pandémie mondiale a eu de multiples conséquences sur notre psychologie : plusieurs périodes de confinement, renforcées par des couvre-feux, le tout accompagné de doutes sur l'avenir, sur l'économie, le fonctionnement de notre société en général. Le deuxième confinement français, annoncé le 28 octobre 2020, a particulièrement fait froid dans le dos, car il faisait plus sombre, plus froid. Et à chaque fois qu'une nouvelle mesure de ce type a été décidée par nos responsables politiques, des conséquences psychologiques ont été évoquées dans le flou épais des actualités. Ce qui est en jeu, sur ce point, c'est précisément la santé mentale. Mais qu'est-ce que c'est ?

LA SANTÉ MENTALE, PAS SEULEMENT UN CONCEPT

Selon l'OMS (Organisation mondiale de la santé), la santé mentale est «l'état de bien-être qui permet à chacun de réaliser son potentiel, de faire face aux difficultés normales de la vie, de travailler avec succès et de manière productive, et d'être en mesure d'apporter une contribution à la communauté»[94].

Elle est donc essentielle pour qu'un individu vive de manière épanouie. Mais des troubles peuvent influer directement sur elle. Toujours selon l'organisme, une personne sur quatre dans le monde connaît un trouble psychique au cours de sa vie, et une personne sur six en Union européenne. En France, ces divers problèmes relatifs à la santé mentale concernent chaque année 12 millions de personnes[95].

La reconnaissance de ces troubles a mis du temps à émerger. En 1843, le professeur américain William Sweetser emploie pour la première fois le terme d'«hygiène mentale», qu'on commence à utiliser à la fin du XIXe siècle et au début du XXe siècle. Il faut ensuite attendre presque 100 ans, les années 1990, pour que des politiques de santé mentale voient le jour.

COMMENT CES TROUBLES S'EXPRIMENT-ILS ?

On compte plus de 500 troubles très variés qui peuvent influer sur la santé mentale, de la difficulté à exprimer et contrôler ses émotions aux troubles bipolaires et à la schizophrénie. Le premier dont sont victimes les Européens est l'anxiété, suivie d'épisodes de dépression. Selon une étude, la France, la Finlande, les Pays-Bas et l'Irlande sont les plus concernés par les troubles mentaux sur le continent, avec 18,5 % de la population touchée[96].

---

94 « La santé mentale : renforcer notre action », OMS, Aide-mémoire n° 220, sur www.who.int, août 2014

95 Selon l'enquête CoviPrev de Santé publique France, avril 2020 (https://www.santepubliquefrance.fr/etudes-et-enquetes/coviprev-une-enquete-pour-suivre-l-evolution-des-comportements-et-de-la-sante-mentale-pendant-l-epidemie-de-covid-19)

96 OMS, Aide-mémoire n° 220

La Roumanie, la Bulgarie et la Pologne, elles, présentent les taux les plus bas, avec une moyenne tout de même de 15 % de la population concernée.

En 2018, le ministère de la Santé français estimait que les personnes en souffrance font face à un isolement et à la perte de certaines capacités, comme la possibilité de garder un travail ou de vivre de façon autonome. Cela peut aboutir à la désinsertion sociale et parfois, pire, au suicide[97].

La santé mentale est liée à de nombreux éléments du quotidien. Des facteurs économiques, sociaux et biologiques peuvent l'impacter : exclusion sociale, difficultés au travail, discriminations subies, qu'elles soient de genre, de race, liées à la morphologie…

LA RECONNAISSANCE DE LA SANTÉ MENTALE

La santé mentale est reconnue à part entière par la plupart des pays. Le 10 octobre de chaque année est d'ailleurs reconnu comme la « Journée mondiale de la santé mentale ». Cependant nous sommes encore loin du compte. Selon l'OMS, 40 % des pays n'ont pas encore de politique spécifique et 25 % n'ont pas de législation[98]. Chaque pays est libre d'adopter son programme pour privilégier une bonne santé mentale en mettant en place des actions concrètes. Ou non.

Individuellement, il n'existe pas de solution miracle pour avoir et maintenir une bonne santé mentale. Internet peut être d'une aide précieuse dans la recherche d'inspirations. Mais tout dépend des personnalités : avoir une activité physique fréquente, manger de façon saine et équilibrée, bien dormir, trouver un équilibre entre vie personnelle et vie professionnelle, peuvent être autant de pistes pour chacun.

La santé mentale est tout aussi importante que la santé physique et concerne tout le monde. Il est donc important d'en parler à ses proches ou à un médecin, et de prendre soin de soi.

VOILÀ CE QU'EST LA SANTÉ MENTALE !

97 Feuille de route de la santé mentale et de la psychiatrie, présentée par le ministère de la Santé, le 28 juin 2018
98 OMS, Aide-mémoire n° 220

ENVIRONNEMENT

L'AMNÉSIE ENVIRONNEMENTALE

Pourquoi sommes-nous aussi lents à prendre conscience du changement climatique et à agir ? L'explication se trouve peut-être dans notre cerveau, atteint de ce qu'on appelle l'« amnésie environnementale ».

L'expression a été inventée par le psychologue américain Peter H. Kahn en 1999. Selon lui, l'humain oublierait l'histoire de l'environnement, ou plus précisément s'habituerait de génération en génération à la dégradation de l'environnement.

COMMENT PEUT-ON OUBLIER CETTE HISTOIRE ?

Le site *Reporterre* donne des exemples très concrets de cette amnésie environnementale[99]. À Paris et en région parisienne, qui pourrait imaginer aujourd'hui qu'au XVIIIe siècle le paysage était majoritairement rural et alternait entre champs, villages et potagers ? On cultivait des pêches à Montreuil et des ananas dans les serres du château de Choisy-le-Roi. C'est ce qu'explique l'historien Jan Synowiecki[100]. Et pas besoin de remonter si loin : en 15 ans, 30 % des oiseaux ont disparu des campagnes. En 30 ans, le nombre d'insectes a diminué de 80 %[101]. C'est peut-être ce qui explique l'étonnement des Parisiens lorsqu'ils entendaient des oiseaux pendant le confinement, alors que c'était la norme il y a quelques décennies.

Aujourd'hui, la chercheuse et biologiste Anne-Caroline Prévot actualise ce concept et explique que « nous finissons par considérer comme normal un état de dégradation environnemental avancé »[102]. Un concept proche était avancé par le biologiste marin Daniel Pauly en 1995, celui du « syndrome de la référence changeante »[103]. Il a réalisé que les chercheurs qui étudient la pêche avaient comme référence la taille et la composition du stock de poissons du début de leur carrière. Ce stock considéré comme normal était pourtant dégradé par rapport à ce que leurs parents considéraient eux-mêmes comme normal.

DES SOCIÉTÉS QUI S'ÉLOIGNENT DE LA NATURE

Comment expliquer cet oubli ? Si nous gardons en mémoire l'histoire de nos ancêtres, de l'Antiquité aux guerres mondiales, en passant par la Révolution française, c'est parce qu'on nous l'a enseignée. *A contrario*, l'histoire et la mémoire de l'environnement ne sont pas ou très peu enseignées. De plus,

99 « L'amnésie environnementale, clé ignorée de la destruction du monde », Hortense Chauvin, reporterre.net, juillet 2020
100 *Ibid.*
101 « Sommes-nous frappés d'"amnésie environnementale" ? », Annabelle Laurent, usbeketrica.com, juillet 2019
102 Hortense Chauvin, art. cité.
103 *Ibid.*

nous vivons dans des zones urbaines de plus en plus éloignées de la nature. Selon un rapport de l'Institut de veille sanitaire publié en 2015, quatre enfants sur dix ne jouent jamais dehors pendant la semaine[104]. Cela n'aide pas à connaître la nature.

DES CONSÉQUENCES SUR L'ENVIRONNEMENT ET LE MENTAL

Mais concrètement, est-ce que ça change vraiment nos vies de savoir qu'on entendait plus d'oiseaux il y a un siècle ? En soi, non. Mais l'amnésie environnementale peut avoir de graves conséquences. Pour la chercheuse Anne-Caroline Prévot, « elle étouffe toute possibilité de changement »[105]. En effet, si on ne prend pas conscience de la dégradation de l'environnement, on réalise plus difficilement la réalité du réchauffement climatique. Au lieu de passer à l'acte, on accélère la dégradation de la planète.

Cette situation en provoque une autre : ce qu'on appelle la solastalgie, c'est-à-dire le douloureux sentiment de voir son environnement se dégrader. Pour le philosophe Glenn Albrecht[106], à l'origine de ce concept, il peut être un passage nécessaire vers une nouvelle ère, caractérisée par des émotions positives envers la Terre : c'est ce qu'on appelle « le symbiocène ». Et il n'est jamais trop tard pour réagir.

VOILÀ CE QU'EST L'AMNÉSIE ENVIRONNEMENTALE !

104 « On a coupé les enfants de la nature », Moina Fauchier-Delavigne, lemonde.fr, mai 2018
105 Hortense Chauvin, art. cité.
106 « Angoisse climatique, éco-anxiété : souffrez-vous de solastalgie ? », Sandra Lorenzo, www.huffingtonpost.fr, octobre 2019

TECH

LA FANFICTION

Chaque sortie au cinéma d'un nouvel opus de *Batman* fait frétiller Hollywood, et la planète entière. Il faut dire que le Chevalier noir a gagné des galons au fur et à mesure des années. Et il ne cesse d'inspirer, plus de 80 ans après la création du personnage. La preuve : le nombre de fanfictions sur l'univers du justicier masqué. Une écrivaine américaine, Addison Cain, s'est ainsi fait connaître en publiant des fanfictions sur Internet, où le vilain Bain est devenu un antihéros super sexy.

« FANFICTION », ÇA VEUT DIRE QUOI ?

Une fanfiction, ou fanfic, est un récit écrit par un fan pour prolonger ou transformer une histoire venant d'un roman, d'une série, d'un film, d'un jeu vidéo ou s'inspirant d'une personnalité publique. Son créateur revoit l'histoire originale à sa manière. Et, à l'ère du tout-numérique, ce type d'œuvre explose.

L'expression est issue de la culture populaire, et a été définie par l'essayiste et chercheur américain Henry Jenkins comme «**une manière pour la culture de réparer les dégâts commis dans un système où les mythes contemporains sont la propriété des entreprises plutôt que d'être celle des gens.**»[107]

D'où viennent-elles ? Des fanzines, au tout départ, où elles étaient imprimées. Les premières étaient consacrées à *Star Trek* dans les années 1970. Depuis, Internet a permis le développement de fanfictions sur des sites de publications en ligne dédiés, ou sur des forums. En France, notons par exemple **fanfictions.fr**, où des centaines d'histoires sont disponibles par catégories : mangas, comics, films, jeux vidéo, livres et séries. Le plus grand recueil se trouve sur **fanfiction.net**, avec plus de 2,2 millions d'utilisateurs enregistrés, écrivant en 40 langues. Les fanfictions sont devenues tellement prolifiques qu'on les retrouve sous différentes formes, du site Internet à la vidéo en passant par le roman.

LES CODES DE LA FANFICTION

En général, une fanfiction est construite autour d'un ou de plusieurs personnages. Le fan à l'origine de l'histoire va s'intéresser plus en profondeur à sa personnalité et à sa psychologie. Elle reprend néanmoins les grands thèmes du scénario original, les personnages, lieux et décors.

Elles sont souvent publiées de façon anonyme ou avec un pseudonyme car l'écriture peut être collective, chaque fan se relayant pour inventer un nouveau chapitre du feuilleton. La question de la rémunération ne se pose généralement pas, puisque cette création émane avant tout d'une passion : son auteur ne cherche *a priori* pas à dégager du profit. Mais il existe encore un gros flou juridique autour de ces écrits et des droits d'auteur.

La fanfiction a même des sous-genres, comme le «slash» : c'est le moment où deux personnages masculins entament une relation amoureuse. La plus

107 *Convergence Culture: Where Old and New Media Collide (Revised with a New Afterword)*, Henry Jekins, NYU Press, août 2006

célèbre reste celle entre Sherlock Holmes et le Docteur Watson. «Fluff» indique une histoire mignonne, portée par un vocabulaire spécifique. Un «canon» reste fidèle à l'histoire, tandis qu'un «UA» (univers alternatif) propose d'explorer autre chose...

LE PHÉNOMÈNE E. L. JAMES

Sur le principe, un anonyme ne peut donc pas réellement se faire connaître avec ce type d'écrit. Mais, ces dernières années, la donne a quelque peu changé. L'autrice la plus connue n'est autre qu'E. L. James, et sa fanfiction érotique a été vendue à plus de 150 millions d'exemplaires : *Cinquante nuances de Grey*.

Son travail est directement inspiré de la saga *Twilight*. Elle a d'abord auto-publié son récit sur Internet, avant de se voir proposer un contrat d'auteur. Le plus drôle, c'est que *Cinquante nuances de Grey* a lui-même inspiré de nouvelles fanfictions, avec des bouleversements d'intrigues par rapport à la trame originelle : la mort de Christian Grey, ou celle d'Anastasia, ou encore un saut dans le temps, vingt ans après...

Les sagas à succès comme *Star Wars*, *Harry Potter* et les héros des *comics* ont des centaines, voire des milliers de fanfictions. L'œuvre de J. K. Rowling a inspiré de nombreux fans qui ont proposé une fin alternative à celle du dernier volume de la série : et si Voldemort gagnait ? Et si Harry, Hermione et Ron formaient un triangle amoureux ? Et si Hermione et Draco sortaient ensemble ?

Le succès de ce type d'adaptation lui a permis de s'ériger aujourd'hui au rang d'un véritable genre littéraire et de s'imposer comme un secteur de l'édition à part entière. Chapeau !

VOILÀ CE QU'EST LA FANFICTION !

SOCIÉTÉ

LE *STRAIGHT* EDGE

Au tout début des années 1980, un groupe américain de punk hardcore va marquer, à sa manière, l'histoire du rock dans le monde. Il s'appelle Minor Threat et aura une existence très courte, de trois ans. Quand ils sortent la chanson *Straight Edge*, ses membres sont loin d'imaginer qu'ils vont être à l'origine d'un nouveau genre musical et d'une philosophie de pensée.

LA LOGIQUE *STRAIGHT*

Ce mouvement prône une vie sans alcool, sans drogue, sans consommation de produit animal et sans sexualité. Et de nos jours, il semble connaître un grand regain de popularité. Dans le morceau de Minor Threat, le chanteur Ian MacKaye crie des paroles qui deviendront son hymne : «J'ai mieux à faire que de rester assis à fumer d'la dope.» Sans le vouloir, il crée une sous-culture qui touche toute une génération.

Le mouvement se définit par rapport à une logique *straight*, qui consiste à adopter un comportement «droit». Il bannit ainsi tout ce qui pourrait venir troubler cette droiture et cette discipline du corps, l'idée étant que boire de l'alcool ou avoir des rapports sexuels, par exemple, empêche la pensée. Être *straight edge*, c'est donc être «clean» pour garder de la lucidité, être vigilant dans le combat du mouvement punk, qui se veut anticonformiste[108].

POURQUOI RENONCER À CES PLAISIRS ?

Parmi les différents renoncements que prône le mouvement, certains sont plus ou moins acceptables d'un point de vue social ; d'autres créent le débat et l'incompréhension. En société, ne pas se droguer ni boire trop d'alcool est bien vu. Aujourd'hui, même le véganisme est accepté et défendu. L'absence de pratiques sexuelles, elle, pose plus de problèmes. Pour les adeptes contemporains du mouvement, y renoncer constitue un geste politique. Abandonner volontairement toute pratique, c'est créer une rupture forte avec les représentations dominantes.

En Europe, certains mouvements militants se sont aussi approprié l'expression américaine, indépendamment du genre musical dérivé du rock. Aujourd'hui, on parle même d'un *queer edge*, débarrassé des aspects virilistes du *straight edge* américain des origines. Le fait d'aller dans des espaces de socialisation où il y a de l'alcool ou de la drogue et d'y assumer sa sobriété peut amener les gens à réfléchir rien qu'en leur montrant que c'est possible.

108 « L'absence de sexualité, une anomalie sociale », Perrine Kervan, émission « LSD, la série documentaire », sur www.franceculture.fr, avril 2021

PUNK ET JUS DÉTOX

Il faut comprendre que ces choix de vie s'inscrivent dans une tendance sociétale plus large. L'idée de la sobriété est devenue *mainstream*, elle fait partie des courants dominants. La génération née après 1995 boit 20 % d'alcool de moins que la précédente, en partie parce que les plus jeunes ne perçoivent plus l'alcool comme quelque chose de «cool», à la différence de leurs aînés. Et cela est valable aussi pour la consommation de tabac, de cannabis et de drogues fortes[109]. Il n'est de fait pas étonnant que certaines fêtes sans excès rencontrent un tel succès, comme le festival méditatif Dharma Techno dans les Pyrénées-Orientales. Ou celui du réseau social Soberistas, qui réunit celles et ceux qui ont fait le choix de la sobriété. De l'esprit punk au jus détox, il n'y a visiblement qu'un pas !

VOILÀ CE QU'EST LE *STRAIGHT EDGE* !

109 *Global Status report on alcohol and health*, OMS, 2018

CULTURE

L'ORIGINE DU MONDE

Connaissez-vous les secrets de l'une des œuvres d'art qui a probablement le plus scandalisé l'opinion publique ? *L'Origine du monde* de Gustave Courbet est le nu le plus célèbre de l'histoire de la peinture, à la renommée gonflée par le mystère, un peu à la manière de la *Vénus de Milo* dont on connaît mal le sculpteur.

LES ORIGINES DE *L'ORIGINE DU MONDE*

L'Origine du monde est une peinture réaliste, exécutée en 1866. Elle représente un sexe féminin en gros plan, sur une toile de 46 × 55 centimètres. À l'époque, personne n'avait jamais vu ce type d'œuvre. Même si elle a immédiatement fait parler d'elle, elle est restée de longues années loin des yeux du public, passant de particulier en particulier, avant d'être finalement exposée au musée d'Orsay, à Paris.

Quand il réalise cette toile, Gustave Courbet n'en est pas à son premier scandale. En 1866, il a peint *Le Sommeil*, un tableau représentant deux femmes dénudées, enlacées dans un même lit. Le sujet traité fait immédiatement polémique. C'est d'ailleurs ce côté sulfureux qui motivera la même année le diplomate collectionneur libertin Khalil-Bey à commander à l'artiste l'œuvre qui deviendra *L'Origine du monde*. Son souhait est de créer une peinture de sa maîtresse, Constance Quéniaux, danseuse de ballet.

L'identité du modèle n'a été découverte qu'en 2018, non par un spécialiste du peintre, mais un de Dumas, Claude Schopp. Alors qu'il étudiait une correspondance entre l'écrivain et George Sand, une phrase l'intrigue. Dumas écrit : «On ne peint pas de son pinceau le plus délicat et le plus sonore l'interview de Mlle Queniault de l'Opéra.»[110] Surpris par cette phrase qui semble n'avoir aucun sens, il se rend à la Bibliothèque nationale de France pour y consulter le manuscrit original. Stupeur : il découvre alors qu'il ne fallait pas lire «interview» mais «intérieur». Le message est bien différent.

UN SCANDALE DE TOUS TEMPS

Courbet disait de son œuvre : «Il y a toujours une idée philosophique humanitaire plus ou moins cachée. À vous de la trouver.»[111] Quelle que soit l'intention de l'artiste, l'œuvre n'a pas fini de choquer. En 2018, même Facebook l'a censurée. Des utilisateurs l'avaient postée sur leur mur, avant de se voir bannir par le réseau social. L'aventure s'est achevée au tribunal.

En 1982, la revue d'art contemporain *Art Press* choisit l'œuvre de Courbet pour sa couverture. Le distributeur refusera de la diffuser, et l'entièreté des numéros sera tout simplement brûlée. Ce ne sont que deux exemples parmi bien d'autres qui témoignent des réactions extrêmes provoquées par cette représentation de sexe féminin.

110 *Correspondance George Sand et Alexandre Dumas père et fils*, Claude Schopp et Thierry Bodin, Éditions Phébus, 2019
111 Cité dans *Souvenirs de Schaunard*, Alexandre Schanne, Éditions Charpentier, 1886, p. 301

UNE PEINTURE BIEN MYSTÉRIEUSE

Outre le modèle qui a inspiré l'artiste, un autre mystère existe autour de cette œuvre. Et si, finalement, *L'Origine du monde* n'était qu'un fragment d'une toile plus grande ? Certains ont en effet émis cette hypothèse. En 2013, une autre peinture fait surface : elle représente un visage féminin et est attribuée à Courbet. Elle est composée de la même toile de lin que *L'Origine*, et des mêmes pigments. Cela pourrait donc signifier que l'œuvre originale aurait été découpée en deux parties, et que ce cadrage audacieux et mémorable ne serait qu'un extrait de cette image plus grande. L'hypothèse n'a jusqu'alors pas été confirmée, mais elle contribue au fantasme mystérieux provoqué par la toile.

VOILÀ CE QU'EST *L'ORIGINE DU MONDE* !

SANTÉ

BIG PHARMA

Au moment de la vaccination en masse des citoyens pour lutter contre l'épidémie de Covid-19, des voix se sont élevées dans l'opinion publique pour questionner la transparence et l'honnêteté des laboratoires qui les fabriquent. Mais ce phénomène existait déjà avant le coronavirus : selon l'Ipsos, plus de la moitié des Français n'a pas confiance dans les entreprises du médicament[112]. Les raisons sont nombreuses : manque de transparence, lobbying, prix élevés... Ce large marché est dominé par quelques multinationales : on les appelle « Big Pharma ».

QUI EST DERRIÈRE BIG PHARMA ?

L'expression apparaît dans les années 1990 aux États-Unis, en écho au Big Food ou au Big Oil, des termes qui désignent des industries dominées par des petits nombres d'entreprises. Dans l'industrie pharmaceutique spécifiquement, elles s'appellent Novartis, Roche, Pfizer, Johnson & Johnson, Sanofi… Les dix plus grosses entreprises génèrent 500 milliards de dollars par an. Et ce chiffre a doublé en dix ans[113].

Certains affirment qu'elles ont plus de pouvoir que les États eux-mêmes. Et l'expression « Big Pharma » est beaucoup utilisée par les théoriciens du complot : selon eux, ce cartel nous cacherait les remèdes au cancer, nous imposerait des vaccins dangereux… Dans le cadre de la Covid-19, il aurait cherché à faire taire le professeur Didier Raoult et son projet de remède à base d'hydroxychloroquine. L'objectif avancé ne serait autre que gagner toujours plus d'argent.

DES LABOS TOUT-PUISSANTS

Big Pharma existe-t-il donc réellement, ou n'est-ce qu'une théorie du complot ? Sans aller jusqu'aux hypothèses farfelues, le documentaire *Big Pharma, labos tout-puissants* diffusé en 2020 sur Arte, fait un bon résumé des pratiques abusives des entreprises pharmaceutiques mondiales[114].

On y apprend que certaines entreprises du Big Pharma sont accusées et condamnées pour avoir caché les effets secondaires de certains médicaments : c'est le cas du Mediator ou de la Dépakine, par exemple. Aux États-Unis, l'Oklahoma a condamné le laboratoire Johnson & Johnson à une amende de 500 millions de dollars pour avoir délibérément cherché à vendre plus de médicaments à base d'opioïdes. Ces derniers sont à l'origine de l'une des crises sanitaires les plus graves qu'ait connues le pays depuis 2010.

---

112 *Observatoire sociétal du médicament* (8e édition), Leem en partenariat avec Ipsos, 2012

113 « Derrière l'expression "Big Pharma", des milliards de dollars mais une réalité plus complexe », Mathilde Damgé, *Le Monde*, 26 novembre 2020

114 *Big Pharma, labos tout-puissants*, Luc Hermann, Claire Lasko, 2018, sur www.arte.tv

LES PRATIQUES COMMERCIALES

À l'heure actuelle, il est quasi impossible de se passer des laboratoires : nous avons besoin d'eux pour produire de nouveaux traitements. Mais ce sont aussi les pratiques commerciales du Big Pharma qui sont pointées du doigt. Les coûts des médicaments seraient déconnectés de ceux de fabrication. Le prix du Daraprim, nécessaire à certains malades du Sida, aurait par exemple augmenté de 5 000 % aux États-Unis[115].

Enfin, les laboratoires influenceraient les médecins pour que ces derniers prescrivent certains médicaments, en leur offrant des cadeaux et des voyages. Depuis plusieurs années, les États essaient d'encadrer ces pratiques. Mais il reste du travail à amasser.

VOILÀ CE QU'EST BIG PHARMA !

115 « Le prix d'un médicament contre la toxoplasmose bondit de 5400 % en un jour », *Le Monde*, septembre 2015

SOCIÉTÉ

LA DYSPHORIE DE GENRE

En 2020, un documentaire réalisé par Sébastien Lifshitz a fait un peu de bruit. Ce film, intitulé *Petite fille* et diffusé sur Arte.tv[116], raconte l'histoire de Sacha, une fillette de 7 ans vivant en région parisienne, qui est née dans un corps assigné masculin. Le réalisateur a filmé pendant un an son combat et celui de sa famille, pour qu'elle soit acceptée en tant que fille dans son école. Et, dans ce documentaire, une expression est posée : la « dysphorie de genre ». C'est le terme médical qui correspond au ressenti de Sasha.

QU'EST-CE QU'ON ENTEND PAR « DYSPHORIE DE GENRE » ?

L'expression « dysphorie de genre » est peu connue, car les médias ne l'emploient pas, ou très rarement. Il suffit de la taper dans un navigateur de recherche Internet pour comprendre qu'elle reste pour le moment réservée au milieu médical, ou à celui des chercheurs. Justement, dans le documentaire *Petite fille*, c'est la pédopsychiatre qui le prononce en premier.

Ce qui caractérise la dysphorie de genre, c'est « **la présence d'une souffrance clinique significative associée à la non-conformité de genre** », c'est-à-dire disposer d'attributs physiques masculins, tout en se sentant femme, ou l'inverse.

QUELLE DIFFÉRENCE AVEC LA TRANSIDENTITÉ ?

Jusqu'à récemment, on utilisait de manière abusive le terme « transexualisme », apparu dans les années 1950, pour caractériser un grand nombre de situations liées aux questionnements de genre. Dans le langage médical, le mot a peu à peu été remplacé. En 1980, l'Association américaine de psychiatrie le plaçait dans la liste des troubles mentaux, comme « trouble psychosexuel ». Mais en 2013 elle a fait volte-face et déclare que « **la non-conformité de genre elle-même n'est pas un trouble mental, mais que l'élément primordial dans la dysphorie de genre est la présence de la détresse clinique significative associée à la condition.** »[117]

On assiste depuis plusieurs années à un glissement de la terminologie. La dysphorie de genre est venue remplacer une autre expression employée pendant longtemps : le « trouble de l'identité » ou « transidentité ».

La notion n'est pourtant pas nouvelle : elle apparaît en 1973, au moment où se développent les études de genre. On la doit aux Américains Norman Fisk et Donald Laub. Ils la définissent comme « **un groupe de divers états apparentés par l'insatisfaction, voire la détresse, liées au sexe anatomique, et par une demande de changement de sexe.** »[118]

---

116 *Petite fille : pas son genre*, Sébastien Lifshitz, 2020, sur www.arte.tv

117 *DSM-V*, Association des psychiatres américains, 2013

118 Laub & Fisk, 1974

DE QUOI SOUFFRENT LES PERSONNES QUI EN SONT ATTEINTES ?

La dysphorie de genre constitue une détresse pour la personne qui en souffre, conduisant parfois à la colère, à la dépression… Ces symptômes peuvent évoluer et être plus ou moins forts selon l'âge. Ils peuvent apparaître très tôt chez l'enfant. Le docu *Petite fille* nous explique que Sasha a connu cette situation dès l'école maternelle. La période de la puberté est propice à son apparition, mais elle peut aussi se déclarer à l'âge adulte.

Être diagnostiqué comme tel est important. Cela peut être une nouvelle étape pour se construire, en étant aidé par des spécialistes et ses proches. Le suivi peut être psychothérapeutique et/ou reposer sur un traitement hormonal, qui peut conduire à la chirurgie. Tout se fait par étapes et selon les volontés de la personne. Il est essentiel d'en parler pour se sentir bien dans sa peau.

VOILÀ CE QU'EST LA DYSPHORIE DE GENRE !

TECH

LE FOMO

FOMO, c'est l'acronyme de *Fear Of Missing Out*, c'est à dire la peur de rater quelque chose. C'est une forme d'anxiété sociale qui s'exprime face à l'inquiétude de manquer un événement induisant une interaction sociale.

C'EST QUOI, LE FOMO ?

Prenons un exemple très concret. Après une journée bien remplie, Lauren passe son mercredi soir chez elle, prête à se reposer devant l'émission « Top Chef ». Elle saisit son téléphone, fait un tour sur Instagram et découvre les stories de ses ami·e·s qui semblent passer une excellente soirée tous ensemble. Sa première pensée, c'est qu'elle est en train de louper un moment important. Et sa propre soirée est gâchée par son FOMO.

On commence à entendre ce terme dès le début des années 2000, sous la plume de quelques stratèges en marketing. Mais c'est surtout à partir des années 2010 que son usage se répand. Des études estiment ainsi que 40 % des jeunes dans les pays anglo-saxons souffriraient de ce mal[119].

UNE STRATÉGIE MARKETING

Cette peur n'est pas forcément récente, mais elle semble exacerbée par notre usage des technologies, notamment des téléphones portables et des réseaux sociaux qui poussent à la comparaison avec les autres utilisateurs. Pour ne rien manquer, les victimes de FOMO développeraient une dépendance psychologique au fait d'être en ligne et une anxiété de la déconnexion.

Les experts en marketing exploitent ce mal du siècle, à l'exemple du Black Friday qui incite à acheter sur une courte période. Cette peur est un levier d'action, qui peut être stimulé pour faire vendre. Certains sites Internet utilisent par exemple des compteurs qui indiquent le nombre d'articles restants, ou le nombre d'heures avant la fin de la promotion. Sauf que c'est bien souvent mensonger, et ces opérations commerciales peuvent provoquer anxiété et agressivité.

119 « Motivational, emotional, and behavioral correlates of fear of missing out », Przybylski, A. K., Murayama, K., DeHaan, C. R., & Gladwell, V, *Computers in Human Behavior*, 29(4), 2013

« CHOISISSEZ L'HUMAIN »

En réponse à ces stratégies marketing, certains prônent le JOMO, c'est-à-dire *Joy Of Missing Out*. Ce courant consiste à accepter de ne pas pouvoir être partout à la fois et conseille de choisir de provoquer les moments de déconnexion pour profiter de la vie. C'est le combat de Christina Crook dont la vie a changé quand elle a passé seulement 31 jours sur Internet en 2012. « On vit dans un monde rempli d'ordinateurs et d'humains, explique-t-elle. L'humain est meilleur. Choisissez l'humain. »[120]

D'autres sont persuadés qu'on ne se débarrassera jamais du FOMO, mais qu'on peut en tirer parti. C'est la position de Bobby Mook, intervenant d'un TedX en 2015 : « La question que l'on doit se poser, c'est : qu'est-ce que cette peur essaie de me dire ? Et une fois qu'on a compris la raison pour laquelle on ressent cette peur, cela peut nous guider vers une vie plus épanouissante. »[121]

Faut-il se détacher des réseaux sociaux pour vaincre le FOMO, ou faut-il vaincre le FOMO pour se détacher des réseaux sociaux ? Telle est la question !

VOILÀ CE QU'EST LE FOMO !

120 « Letting go of Technology: Christina Crook at TEDx TheAnnexWomen », Christina Crook, **www.youtube.com**, 2013
121 « FOMO - the fear of missing out: Bobby Mook at TEDxUNC », 2014, sur www.youtube.com

ENVIRONNEMENT

LE GREEN FRIDAY

Nombre d'entre nous connaissent et profitent du Black Friday, ce dernier vendredi de novembre qui constitue une journée de rêve pour les amateurs de prix cassés et bonnes affaires. C'est aussi un cauchemar pour les défenseurs d'un monde plus social et écolo. Ces femmes et ces hommes aimeraient en faire un « Green Friday » pour sensibiliser à l'ultraconsommation et ses conséquences.

CONSOMMER MIEUX, OU MOINS CHER ?

D'après un sondage mené en 2020 par Diffusis France pour Channable, 70 % des Français ont annoncé vouloir profiter du Black Friday, le vendredi de toutes les promotions[122]. Mais 70 %, c'est aussi la proportion de personnes qui souhaitent changer totalement leur manière de consommer, d'après l'Observatoire société et consommation (Obsoco)[123].

Mais est-ce vraiment possible, tout en continuant à célébrer ce moment de soldes annuel ? Pas pour un certain nombre de personnes qui se battent justement contre le Black Friday. Ce sont généralement les commerces de vêtements et de produits high-tech qui attirent le plus de clients ce jour spécifique. Mais ces deux secteurs font aussi partie de ceux qui produisent le plus de déchets et de pollutions, sans parler des petites mains qu'ils exploitent à bas frais dans le tiers monde. Rappelons que la fabrication d'une paire de jeans, par exemple, peut nécessiter jusqu'à 11 000 litres d'eau : un monstre de production.

POLLUTION ET SURCONSOMMATION

Il est vrai que, du point de vue du consommateur, acheter durant ce jour spécifique est plus intéressant que sur une autre période de l'année. Sauf que six Français sur dix considèrent la démarche comme une incitation à acheter des produits dont ils n'ont pas besoin, selon l'Observatoire société et consommation, 2019[124]. On parle ici de surconsommation. Il est en outre à noter que les prix affichés sont souvent trompeurs, et que les économies ne sont pas toujours au rendez-vous.

C'est pourquoi, depuis 2017, l'association ENVIE, une pionnière de l'économie circulaire, a décidé de faire concurrence au Black Friday avec un Green Friday. Depuis, le mouvement a été rejoint par d'autres associations et se définit comme « événement

---

122 « Black Friday 2020 : plus de 70 % des Français comptent en profiter », F. Rizhlaine, www.sortiraparis.com, novembre 2020
123 Le chiffre est annoncé sur le site Internet www.makefridaygreenagain.com
124 *Ibid.*

écocitoyen, collectif militant, journée de sensibilisation»[125] au gaspillage et à la consommation de masse. En 2019, pas moins de 400 structures ont adhéré. Elles s'engagent à ne pas proposer de réductions à leurs clients mais à reverser 10 % de leur chiffre d'affaires de cette journée à des associations engagées sur ces thématiques.

ENVIRONNEMENT ET PHILANTHROPIE

Certaines entreprises elles aussi se lancent dans des initiatives green. Citons «Make Friday Green Again», un collectif de 900 marques qui refusent de participer au Black Friday et encouragent des modes de consommation plus raisonnés. Kiabi organise son Good Friday à l'issue duquel 1 % de son chiffre d'affaires de la semaine est reversé aux Restos du cœur. Nature et Découverte, elle, a lancé son Fair Friday, «Vendredi juste», grâce auquel la boîte apporte son soutien financier à plusieurs acteurs engagés pour l'environnement.

Ces initiatives ne sont pas les seules de ce type : le premier mardi de décembre est par exemple estampillé le Giving Tuesday, journée de la générosité et de la solidarité. Ce mouvement, né aux États-Unis en réaction lui aussi au Black Friday, a essaimé partout dans le monde avec un but : encourager le don et la philanthropie.

VOILÀ CE QU'EST LE GREEN FRIDAY !

125 La citation et le manifeste sont disponibles sur le site Internet https://greenfriday.fr

CULTURE

LA NOUVELLE VAGUE

Le concept de « Nouvelle Vague » a fait son retour ces dernières années, mais plus trop au cinéma. C'est pourtant le septième art qui a fait naître, à la fin des années 1950, ce mouvement important et influent. Mais qu'est-ce que cela signifie ?

D'OÙ VIENT CE COURANT ?

La Nouvelle Vague caractérise certains films qu'on dit «d'auteur», une caractérisation que l'on doit aux *Cahiers du cinéma*, la célèbre revue de critiques née en 1951. C'est elle qui est à l'origine de la notion de *cinéma d'auteur*, ou plus précisément de la politique de l'auteur : on jaugeait un réalisateur par la continuité stylistique et thématique à travers sa filmographie, à la manière, par exemple, d'un Alfred Hitchchock outre-Atlantique.

Or, à la rédaction des *Cahiers du cinéma*, à cette époque, on comptait justement quelques noms aujourd'hui bien connus : Jean-Luc Godard, François Truffaut, Éric Rohmer, Jacques Rivette. Ces hommes, avant d'être des réalisateurs, étaient eux-mêmes des critiques de film.

Dans leurs colonnes, ça ronchonnait un peu sur l'académisme sophistiqué du cinéma français de l'époque. Profitant d'un matériel devenu plus accessible, ils se sont lancés dans la réalisation de leurs propres films avec une approche qui leur correspondait davantage. Ils devinrent alors les porte-étendards d'un des courants les plus importants du cinéma : la Nouvelle Vague.

SE RAPPROCHER DU RÉEL

Durant les années 1960, cette Nouvelle Vague questionne son médium, triture la grammaire du cinéma, de la mise en scène au jeu des acteurs. Certains réalisateurs ne cherchent même pas à gommer l'amateurisme, car le but est d'innover, de bousculer la conception que l'on peut se faire d'un film. Ce courant se construit par opposition au cinéma français de l'époque, jugé trop conformiste : au feu les gros studios, les gros cachets et les grosses stars, vive la lumière et les décors naturels, les acteurs inconnus qui improvisent, les budgets serrés et les jeunes femmes en bicyclette !

Contrairement à ce que l'on pense parfois, ces films ne sont pas nécessairement obscurs, abstraits ou élitistes. Ces réalisateurs se considèrent avant tout comme des auteurs ne cherchant pas à vendre du rêve, ou du spectacle, mais plutôt à se rapprocher du réel, ou en tout cas de sa représentation.

L'EXOTISME À LA FRANÇAISE

Cette Nouvelle Vague a éclaboussé la scène internationale. C'est peut-être, en partie tout au moins, le fait d'un charme exotique qui se dégage dans ces films, une certaine idée de la France qui trouve un écho à l'étranger. L'influence sur le cinéma mondial sera décisive, et aujourd'hui encore certains réalisateurs se réclament de ce mouvement, ou tout au moins le célèbrent.

Si tous les films issus de ce courant ont en commun le trait du réalisme, ils ne se ressemblent pas pour autant : on ne ne voit pas la même chose en regardant un Chabrol, un Varda ou un Rohmer.

Pour faire un grand écart, non sans un brin d'ironie, on peut dire que, grâce à Godard, un cinéaste de blockbusters comme Michael Bay peut aujourd'hui être considéré comme un auteur. Et ça c'est beau. C'est bizarre, mais c'est beau.

VOILÀ CE QU'EST LA NOUVELLE VAGUE !

TECH

LES DARK PATTERNS

Les *dark patterns*, « pièges à utilisateurs » en français, sont des mécaniques issues du design d'interface et dont le but est de piéger les utilisateurs ou de leur faire faire des choses contre leur volonté.

Des chercheurs de l'Université de Princeton, dans le New Jersey, ont voulu quantifier ce phénomène. Ils ont épluché 11 000 sites d'e-commerce grâce à un algorithme et en ont identifié sur 1 267 sites, soit 11 % d'entre eux. Les plus populaires sont ceux qui utilisent le plus de *dark patterns*, notent les chercheurs[126].

FAIRE LE « BON » CHOIX

Chacun d'entre nous peut être une cible potentielle. Certains *dark patterns* cherchent à culpabiliser l'acheteur. Sur le nombre de sites scrutés par les chercheurs, 160 utilisent en effet le *confirmshaming*, une méthode pour inciter l'internaute à faire le « bon » choix. Par exemple, si vous refusez d'adhérer à une offre d'abonnement, il peut vous arriver de devoir cliquer sur un bouton avec un sous-texte du type : « Non, merci ! Je préfère faire partie du club des gens qui paient plein pot. »

L'un des *dark patterns* les plus utilisés par les sites d'e-commerce reste les alertes sur la rareté d'un produit pour augmenter sa désirabilité. Généralement, il s'agit de messages indiquant qu'il ne reste qu'une quantité limitée du produit ou que ce dernier est très demandé.

QUE FAIT LA LOI ?

Les chercheurs veulent que cette étude et l'algorithme qu'ils ont développé pour identifier automatiquement les *dark patterns* servent aux régulateurs gouvernementaux. L'idée est de les aider à mieux appréhender ces stratégies d'incitation à l'achat parfois mensongères. « Toutes les méthodes identifiées dans notre étude ne requièrent sans doute pas l'attention des gouvernements. Mais l'utilisation de *dark patterns* devrait être plus transparente afin que les e-consommateurs soient plus conscients de la manière dont leurs comportements sont orientés »[127], explique au *New York Times* Arvind Narayanan, professeur en sciences de l'informatique à Princeton et auteur de l'étude.

Pour le moment, peu de lois s'attaquent directement aux *dark patterns*. Dans l'Union européenne, le Règlement général sur la protection des données (RGPD) protège uniquement les internautes des méthodes trompeuses de collecte des données personnelles.

126 « Dark Patterns at Scale: Findings from a Crawl of 11K Shopping Websites », Mathur Arunesh, Acar Gunes, Princeton University, USA, septembre 2019

127 « How E-Commerce Sites Manipulate You Into Buying Things You May Not Want », Jennifer Valentino-DeVries, www.nytimes.com, juin 2019

COMMENT S'EN PROTÉGER ?

Aujourd'hui, une partie des sites veulent quelque chose de vous : votre temps, votre argent, vos données. Vérifiez toujours la barre d'état de votre navigateur lorsque vous vous apprêtez à cliquer sur un lien, une manière de vérifier si vous atterrissez sur un autre site, et lequel. Il faut également observer l'ergonomie des sites. Un pop-up peut s'afficher sur la page, avec le bouton «valider» à droite et «annuler» à gauche. Mais, des fois, l'emplacement des deux boutons est inversé : attention donc aux automatismes. De plus, et particulièrement sur mobile, privilégiez les boutons du navigateur, ou celui de votre appareil, plutôt que ceux du site même.

N'allez jamais trop vite lorsque vous cliquez. Une publicité ou un bouton peut se charger à la place du lien sur lequel vous vous apprêtiez à cliquer, sans que vous vous en aperceviez dans la précipitation.

Il faut en fait allumer son «radar à *dark patterns*» sur puissance maximale sur des sites e-commerce ou des sites pirates / de streaming, etc. Enfin, pourquoi ne pas aller faire un tour sur **DarkPatterns.org** ? Vous y découvrirez tous les grands principes des *dark patterns* et, dès que vous détectez une filouterie du design d'interface qui s'y apparente, n'hésitez pas à prévenir vos proches via les réseaux sociaux.

VOILÀ CE QUE SONT LES *DARK PATTERNS* !

SOCIÉTÉ

LA RÉSILIENCE

La résilience est un concept utilisé dans de nombreux domaines, des sciences à l'écologie en passant par la psychologie, pour décrire la capacité d'un objet à surmonter une altération de son environnement. Depuis que nos sociétés font face à l'épidémie de Covid-19, on entend qu'il faut être « résilient » face à la maladie, face au confinement, que l'économie et nos sociétés tout entières doivent faire preuve de résilience. Mais on ne saisit pas toujours bien ce qui se cache derrière ces injonctions.

C'EST QUOI CONCRÈTEMENT, LA RÉSILIENCE ?

À l'origine, on parle de résilience dans le domaine de la physique : elle correspond à la résistance d'un matériau face à un choc. Mais le concept a été adopté depuis plusieurs décennies dans d'autres secteurs, à commencer par la psychologie[128]. Le neuropsychiatre Boris Cyrulnik popularise ce terme à la fin des années 1990 pour décrire la capacité de certains enfants à se reconstruire et à dépasser les traumatismes qu'ils ont subis.

Au-delà de la psychologie, l'armée utilise le terme pour définir la capacité d'un pays, après une agression, à «rétablir rapidement sa capacité de fonctionner normalement». Les économistes l'emploient pour décrire la capacité d'une économie à revenir sur sa trajectoire de croissance après un choc. Quant aux écologistes, ils désignent ainsi la façon dont les écosystèmes absorbent les chocs, par exemple les sécheresses, ou la pollution, jusqu'à atteindre de nouveaux équilibres.

UNE RÉAPPROPRIATION POLITIQUE

C'est en fait un mot plutôt pratique, auquel on peut donner des sens assez différents. Certains penseurs dénoncent le fait qu'il ait été récupéré et détourné par les acteurs du management, du développement personnel et même de la politique : des équipes de Trump, pour relativiser les effets du réchauffement climatique, en passant par Emmanuel Macron dans ses discours de lutte contre le coronavirus…

Le géographe américain Kevin Grove note que le terme «résilience» est de plus en plus utilisé par ceux qui veulent que «tout change sans que rien ne change»[129]. En d'autres termes : le désastre est déjà là, il n'y a plus rien à faire, à chacun de trouver comment s'y adapter.

128 « Retour critique sur la mobilisation du concept de résilience en lien avec l'adaptation des systèmes urbains au changement climatique », Béatrice Quenault, *EchoGéo,* 24, 2013, sur http://journals.openedition.org

129 « D'où vient le mot "résilience" qui plaît tant à Emmanuel Macron ? », Rémi Noyon, www.nouvelobs.com, avril 2020

COMMENT S'ADAPTER, JUSTEMENT ?

Des psychologues interrogés par le site québécois *LaPresse* rappellent que nous ne sommes pas tous égaux face aux épreuves et que la résilience n'est pas une force de caractère[130]. C'est une souplesse émotionnelle, la capacité à reconnaître ses émotions. Renforcer sa résilience peut aussi passer par l'humour, l'autodérision, mais avant tout par l'environnement : une bonne hygiène de vie, une bonne santé, une bonne alimentation... Bref, d'autres facteurs face auxquels nous ne sommes pas tous égaux.

VOILÀ CE QU'EST LA RÉSILIENCE !

130 « Comment devient-on résilient ? », Nathalie Collard, www.lapresse.ca, avril 2020

SANTÉ

L'HYPERSENSIBILITÉ

L'hypersensibilité est le trait de caractère des personnes plus sensibles que la moyenne à certaines sensations (les odeurs comme les bruits) et aux émotions (la joie comme la colère). On dit souvent de ces individus qu'ils se vexent pour un rien, qu'ils sont extrêmes ou qu'ils ont trop d'empathie… Pourtant, être plus sensible que le commun des mortels peut aussi être une force.

15 À 20 % D'ENTRE NOUS SONT HYPERSENSIBLES

Depuis 2019, chaque 13 janvier, on célèbre la Journée de l'hypersensibilité. En 2021, autour de cette même période, deux livres sur le sujet ont vu le jour chez les libraires : *Suis-je hypersensible ?* de Fabrice Midal[131] et *Fort comme un hypersensible* de Maurice Barthélémy[132]. Ces deux hommes, passé 40 ans, ont compris qu'ils étaient hypersensibles.

Il faut dire que cette notion est relativement nouvelle et peu connue. Elle a été théorisée dans les années 1990 par la chercheuse américaine en psychologie Elaine Aron. En anglais, elle parle de SPS, pour *Sensory Processing Sensitivity*. Elle affirme que ce trait de caractère concernerait tout de même 15 à 20 % de la population mondiale.

LES SIGNES DE L'HYPERSENSIBILITÉ

Plusieurs signes peuvent indiquer à un individu s'il est dans ce cas de figure. D'un point de vue physique, d'abord, une personne hypersensible peut réagir de manière très positive ou très négative à certains sons, certaines odeurs, et même au toucher : adorer les caresses, mais ne pas supporter les vêtements en laine, par exemple.

Côté émotions, ensuite, elle peut vivre une véritable tornade : les hypersensibles ont souvent du mal à accepter les critiques, mais aussi les compliments. Ils peuvent passer rapidement de la joie à la colère, ou de l'amour à l'indifférence. Ils ont une grande empathie, comprennent ce que ressentent leurs interlocuteurs. Dans leur entourage, on peut les trouver un peu « bruts » dans la manière d'exprimer ce qu'ils ressentent. Et ce qui revient souvent, c'est la difficulté à supporter le groupe, à participer aux mondanités jugées superficielles.

---

131 *Suis-je hypersensible ? Enquête sur un pouvoir méconnu*, Fabrice Midal, Éditions Flammarion, 2021
132 *Fort comme un hypersensible*, Maurice Barthélémy et Charlotte Wils, Éditions Michel Lafon, 2021

LE QUOTIDIEN D'UN HYPERSENSIBLE

L'hypersensibilité peut amener à se sentir en décalage, inadapté à la vie collective. Mais elle peut aussi être une force, comme l'explique Fabrice Midal sur sa chaîne YouTube : «La clé, c'est cette acceptation profonde de ce que vous êtes. [...] Vous avez de la chance, c'est un cadeau d'être hypersensible.»[133]

Ce n'est pas une maladie, puisque le *DSM-5*, le manuel qui répertorie les troubles psychiatriques, n'en fait pas mention. D'ailleurs, il faut rester prudent : il n'y a pas de profil type de l'hypersensible. C'est avant tout un trait de personnalité. Il est possible de l'apprivoiser, pour vivre le monde plus intensément. Mais elle peut provoquer une souffrance et devenir pathologique. Dans ce cas, il vaut mieux se faire accompagner par un ou une professionnelle.

VOILÀ CE QU'EST-CE QUE L'HYPERSENSIBILITÉ !

133 «Hypersensibles : la Méditation est-elle la solution ?», sur www.youtube.com, janvier 2021

ENVIRONNEMENT

LA SOLASTALGIE

La solastalgie est la douleur que l'on ressent lorsque notre habitat subit des transformations, notamment à cause du changement climatique. Elles auraient un effet sur la santé mentale de nombreuses personnes. Sommes-nous donc condamnés à souffrir un peu plus à mesure que le thermomètre se réchauffe ?

ÉCO-ANXIÉTÉ, ÉCO-PARALYSIE ET SOLASTALGIE

Les changements climatiques occupent une telle place dans notre quotidien qu'ils peuvent générer une certaine angoisse. Certains tombent en dépression, comme la jeune Suédoise Greta Thunberg après avoir regardé un documentaire sur les ours polaires.

Il existe plusieurs termes pour décrire ce phénomène : on parle d'éco-anxiété pour caractériser notre ressenti quand toute l'actualité nous semble évoquer les problèmes liés au changement climatique. Le terme d'éco-paralysie correspond au sentiment d'impuissance face au changement climatique. Enfin, la solastalgie est «l'état d'impuissance et de détresse profonde causé par le bouleversement d'un écosystème»[134], selon le philosophe Glenn Albrecht, inventeur de ce mot en 2003.

À la différence de l'éco-anxiété ou de l'éco-paralysie, qui relèvent de l'anticipation, la solastalgie se vit dans le présent. Elle renvoie à la douleur de perdre son environnement, son habitat, par opposition au sentiment de nostalgie qui, lui, renvoie à la douleur d'être séparé de son chez-soi.

LA MAISON A BRÛLÉ…

«Notre maison brûle et nous regardons ailleurs»[135], déclarait en 2002 Jacques Chirac, alors président de la République. Depuis, la maison a en effet commencé à brûler. Et personne ne sait vraiment quoi faire. Mais cette situation a de réelles conséquences sur notre mental : d'après un sondage IFOP, 85 % des Français sont inquiets du réchauffement climatique.

Pour autant, nous ne sommes pas tous égaux face à la solastalgie. Ceux qui l'éprouvent de plein fouet sont d'abord ceux qui ont vécu des catastrophes naturelles. En effet, d'après un rapport de l'Association de psychologie américaine, jusqu'à 40 % des personnes qui ont assisté à une catastrophe climatiques subissent stress, anxiété et pensées suicidaires[136]. Les communautés inuits elles aussi seraient atteintes de ce même mal. On y observe une hausse des problèmes d'addiction liée à l'angoisse provoquée par les transformations de leurs régions.

---

134 « Angoisse climatique, éco-anxiété : souffrez-vous de solastalgie ? », Sandra Lorenzo, www.huffingtonpost.fr, octobre 2019
135 « Notre maison brûle : quand Jacques Chirac alertait sur le sort de la Terre », sur www.youtube.com, septembre 2019
136 Sandra Lorenzo, art. cité.

COMMENT RÉAGIR ?

Quant aux Occidentaux, il leur est difficile de fermer les yeux sur les conséquences du réchauffement climatique. Cela crée de la peur, de la colère et peut aussi renforcer les addictions et les troubles anxieux. Les scientifiques eux-mêmes sont gagnés par la solastalgie : ils expriment par exemple leurs craintes, leurs espoirs et leur colère sur le site « Is This How you Feel »[137].

Sommes-nous donc condamnés à souffrir ? Tout dépend en fait de la réponse que l'on apporte individuellement à cet état de solastalgie. Pour le psychiatre Antoine Pelissolo, interviewé par *Le Monde*, « c'est par l'action que l'on s'apaise ». En résumé, le remède à ce mal serait d'accepter l'effondrement et de s'y préparer en pensant un système alternatif, pas uniquement pour soi, mais pour l'ensemble des êtres vivants.

VOILÀ CE QU'EST LA SOLASTALGIE !

137 Le site Internet rassemble des commentaires de scientifiques sur les changements climatiques. Il est accessible via www.isthishowyoufeel.com.

CULTURE

LA VÉNUS DE MILO

«Marbre sacré, vêtu de force et de génie, Déesse irrésistible au port victorieux, Pure comme un éclair et comme une harmonie, Ô Vénus, ô beauté, blanche mère des dieux !»

Celle qui a inspiré ce poème signé Leconte de Lisle n'est rien d'autre qu'une statue de marbre. Mais pas n'importe laquelle. C'est sans doute la plus célèbre des statues, et également la plus mystérieuse. Quel secret renferme-t-elle ?

UNE ŒUVRE DEVENUE CULTE

Nous sommes en 1820, au cœur de la mer Égée, en Grèce. Là, sur la petite île de Milos, en plein dans l'archipel des Cyclades, un paysan cherche des pierres pour construire un mur à son champ. Il fait alors une découverte stupéfiante : une femme de marbre de plus de 2 mètres. Le hasard veut qu'un élève de la marine française assiste à cette découverte et prévienne ses supérieurs. Après un rude marchandage, l'ambassadeur de France de la région, le marquis de Rivière, acquiert la statue et en fait don au roi de France, Louis XVIII, qui l'offrira lui-même au Louvre un an plus tard.

C'est alors une acquisition de grande importance pour le musée, qui avait été pendant longtemps l'un des plus importants au monde. Mais la bataille de Waterloo est passée par là, et plusieurs de ses œuvres exposées ont été rendues à leur nation d'origine. Résultat : les salles du Louvre sont presque vides, et l'institution veut retrouver son prestige. Après tout, au XIXe siècle, Paris est vue comme la capitale des beaux-arts.

Après ce cadeau du roi, la *Vénus de Milo* est présentée au public et aux spécialistes comme une œuvre de premier plan, un événement qui va faire gonfler très rapidement la notoriété de cette femme de marbre. Aujourd'hui, elle est toujours exposée au Louvre, où elle trône depuis plus d'un siècle et demi.

UNE ŒUVRE MYSTÉRIEUSE

La fascination de cette effigie tient aussi en partie de son mystère : son sculpteur est anonyme. Et personne ne peut affirmer savoir qui elle représente. Faut-il y reconnaître Aphrodite (Vénus chez les Romains), souvent figurée à demi nue, ou Amphitrite (Salacie), déesse de la mer vénérée à Milos ? En outre, comment a-t-elle perdu ses bras et son pied ? Elle aurait porté un diadème, un bracelet et d'autres bijoux qui, eux aussi, ont disparu. Enfin, que raconte sa posture : tenait-elle un bouclier, dansait-elle… ? Personne ne le sait.

LES SŒURS DE LA *VÉNUS DE MILO*

Aujourd'hui, de nouvelles informations permettent d'affiner notre connaissance de la dame de marbre. Elle aurait été créée en 100 avant J.-C., en pleine époque hellénistique. Elle aurait en outre été taillée à l'endroit où elle a été découverte, dans un atelier des Cyclades, peut-être même sur l'île de Mélos, qu'on nomme aujourd'hui Milos. Elle possède en effet des caractéristiques qui rappellent les ouvrages typiques du coin et de l'époque : taillée en deux blocs et composée de pièces rapportées liées par des tenons métalliques.

D'autres exemplaires créés selon la même technique sont trouvables en Grèce. Plus intrigant encore, il existe une autre version, cette fois de bronze, aux ressemblances troublantes : la *Vénus de Capoue*. Au Musée archéologique national d'Athènes, une autre statue lui ressemble aussi en tout point : même position, mêmes dimensions, même traitement du manteau : le *Poséidon de Mélos*. Existe-t-il donc un lien entre ces deux créations ?

Ces œuvres rétrospectives constituaient des hommages, ou des copies des maîtres d'œuvres dites classiques, comme le montre le regard droit de la statue. Mais la torsion et le modelé du corps sont une preuve de modernité, ce qui en fait une œuvre rétrospective, dite néoclassique. Mais rien n'est certain, et ce mystère renforce encore l'aura de la *Vénus de Milo*, tout comme son regard impassible, qui nous intriguera probablement très longtemps…

VOILÀ CE QU'EST LA *VÉNUS DE MILO* !

SOCIETÉ

LE SYNDROME DE LA SCHTROUMPFETTE

Des petits hommes bleus qui vivent dans un village de champignons et fuient un méchant sorcier... Cela vous rappelle-t-il quelque chose ? Vous vous souvenez probablement de la petite blondinette souriante en robe à dentelle, montée sur de petits escarpins. Et peut-être avez-vous aussi en mémoire que, dans le fabuleux univers des Schtroumpfs, ce personnage a été créé et envoyé par le vilain Gargamel afin de perturber l'ordre établi au village des gentils. De plus, rappelons que son arrivée bouleverse les codes de personnages exclusivement mâles. Le syndrome de la Schtroumpfette, c'est ça : la surreprésentation, volontaire ou inconsciente, de protagonistes masculins dans les œuvres de fiction, au détriment des protagonistes féminins.

UNE FIGURE SANS PERSONNALITÉ

C'est l'essayiste américaine Katha Pollitt qui a développé cette théorie. En 1991, elle consacre une tribune dans le *New York Times* à la figure de la Schtroumpfette[138]. Ce n'est pas la fonction de faiseuse d'embrouilles dévolue à ce personnage qu'elle dénonce, mais bien le fait qu'elle soit la seule incarnation du féminin dans un univers 100 % masculin.

Résultat : tandis que chaque Schtroumpf a le droit à une personnalité qui lui est propre (le farceur, le coquet, le costaud, le gourmand, le musicien, le bricoleur...), celle de la Schtroumpfette au contraire est totalement effacée au profit d'un seul et unique critère pour la désigner : son genre.

UNE FIGURE STÉRÉOTYPÉE

Ce que Katha Pollitt dénonce avec la théorie de ce syndrome, c'est la récurrence de cette figure imposée de la fille seule dans un monde d'hommes, que l'on retrouve dans de nombreuses œuvres, et notamment dans les films d'animation pour enfants.

Lorsqu'il n'y a qu'un seul personnage féminin au sein d'une communauté exclusivement masculine, il tend à être représenté de façon ultra-stéréotypée, en conformité avec la perception la plus commune et surtout caricaturale de la féminité. Elle est *la* femme, et non *une* femme parmi d'autres. Elle devient à la fois un objet de curiosité et un alibi tout trouvé pour éviter d'éventuelles plaintes en discrimination.

138 « Hers ; The Smurfette principle », *The New York Times Magazine*, 1991

UNE FIGURE SYMBOLE DE MILITANTISME

Le syndrome de la Schtroumpfette permet aux luttes féministes de mettre la lumière sur le « piège de la femme-prétexte » : une femme isolée dans un univers majoritairement masculin, ce n'est pas de la diversité, c'est de l'affichage. Étant donné que plus de la moitié de l'humanité est de genre féminin, ne pas les représenter suppose de vouloir raconter l'histoire d'un seul et même point de vue.

De plus, aujourd'hui, la binarité de genre féminin-masculin est aussi discriminante au regard d'individus qui ne se reconnaissent pas nécessairement dans ces étiquettes normées. Il est important que les fictions nous racontent d'autres récits car le réel ne manque pas d'histoires inspirantes, et l'imaginaire peut aussi influencer le quotidien !

VOILÀ CE QU'EST LE SYNDROME DE LA SCHTROUMPFETTE !

SANTÉ

LA PHAGOTHÉRAPIE

La phagothérapie est une méthode de traitement des infections bactériennes, qui utilise des bactériophages. Sauf exception, elle n'est plus pratiquée en Occident depuis des décennies. Mais face à l'antibiorésistance, de plus en plus de médecins et chercheurs y voient une solution d'avenir.

D'OÙ VIENT LA PHAGOTHÉRAPIE ?

En 1917, le chercheur Félix d'Hérelle découvre cette méthode[139]. Le principe est le suivant : les bactériophages sont des virus naturellement présents dans l'environnement. On leur donne aussi le petit nom de « phages ». Lorsqu'ils rencontrent une bactérie, ils vont s'y introduire et s'y multiplier, jusqu'à l'éliminer complètement.

En utilisant des phages, et même des cocktails de phages, on peut ainsi guérir certaines infections : de la simple plaie à l'infection osseuse, en passant par les staphylocoques dorés ou les infections respiratoires, par exemple. Contrairement à un médicament, l'antibiotique, qui détruit toutes les bactéries sur son passage, le phage permet un traitement précis et adapté à chaque patient. On parle même d'« autophage », un genre de phage personnalisé.

UNE DÉCISION POLITIQUE

Pourquoi, dans ce cas, continuons-nous de soigner les infections avec des antibiotiques plutôt qu'avec des phages ? La réponse est politique : au moment de l'invention des antibiotiques, les pouvoirs publics ont considéré qu'ils étaient plus pratiques, si bien qu'on a progressivement oublié les phages. En France, l'Institut Pasteur a détruit ses dernières réserves dans les années 1980.

Néanmoins, quelques décennies plus tard, c'est la panique : certaines bactéries deviennent résistantes aux antibiotiques. C'est ce qu'on appelle l'antibiorésistance. Les chercheurs se penchent donc à nouveau sur la question : et si les phages étaient la solution ?

139 « Infections : peut-on être soigné par phagothérapie en France ? », Marie-Céline Ray, www.futura-sciences.com, décembre 2018

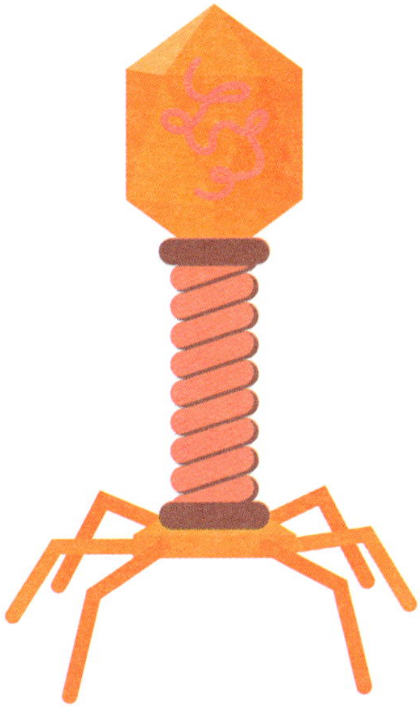

LE RETOUR DES PHAGES EN PUISSANCE ?

La réalité, c'est qu'ils n'ont pas disparu partout. Certains pays utilisent encore la phagothérapie. C'est notamment le cas de la Géorgie. Et, justement, depuis que l'on commence à reparler de ce traitement, certains malades européens n'hésitent pas à payer des milliers d'euros pour se rendre à Tbilissi, la capitale du pays, afin d'en profiter[140].

Mais les phages font-ils vraiment des miracles ? En France, lorsque l'Agence du médicament a autorisé leur utilisation sur des patients en situation d'impasse thérapeutique, quelques amputations ont pu être évitées. Mais la phagothérapie ne fonctionne pas à tous les coups. De nouvelles recherches sont nécessaires, de manière à identifier les phages, mais aussi leur mode de production, qui doit respecter les normes européennes.

La bonne nouvelle, c'est que nous ne sommes qu'au début de ces recherches, et les années 2020 pourraient être celles du grand retour de ce traitement. Les bactéries n'ont qu'à bien se tenir !

VOILÀ CE QU'EST LA PHAGOTHÉRAPIE !

140 « Ces Français qui partent en Géorgie pour être soignés par des phages », David Breger, www.lefigaro.fr, avril 2019

ENVIRONNEMENT

L'HYDROGÈNE

À l'occasion du plan de relance, suite à la crise économie liée à la pandémie de coronavirus, le gouvernement français a annoncé investir 7 milliards d'euros sur dix ans dans une énergie d'avenir : « l'hydrogène vert »[141]. En réalité, cela fait des années que les industriels utilisent l'hydrogène, mais ce qu'ils appellent un « hydrogène gris », dont la production est très polluante. Alors, l'hydrogène vert est-il notre carburant du futur ?

POURQUOI L'HYDROGÈNE ?

L'hydrogène est plein de promesses : il peut alimenter des véhicules en produisant trois fois plus d'énergie que l'essence pour le même poids. De plus, il permet de stocker l'électricité, bien mieux que ne le font nos batteries actuelles.

Tout le problème, c'est de le trouver. Pour bien comprendre cette difficulté, il faut mettre un pied dans la physique-chimie. Vous souvenez-vous du tableau périodique des éléments ? L'hydrogène y occupe la toute première place : H. C'est l'élément chimique le plus simple et le plus abondant dans l'univers. Pourtant, on ne le trouve jamais à l'état pur sur Terre. Il est présent dans différents hydrocarbures, et notamment dans l'eau : H_20, deux atomes d'hydrogène pour un atome d'oxygène.

COMMENT PRODUIT-ON DE L'HYDROGÈNE ?

Jusqu'ici, les industriels ont eu recours à différentes techniques pour séparer l'hydrogène des autres éléments : mélanger du méthane et de la vapeur d'eau à 1 000 °C, ou brûler du charbon de bois à plus de 1 200 °C. Résultat : pour chaque kilo d'hydrogène produit, on libère 10 kilos de CO_2. Concrètement, l'hydrogène actuellement produit pollue autant que le transport aérien mondial[142].

Pour en faire une énergie d'avenir, les scientifiques ont pioché une méthode du passé : l'électrolyse. En faisant passer de l'électricité dans l'eau, on peut en effet séparer l'oxygène des deux atomes d'hydrogène. Si l'électricité qui est utilisée est verte, on obtient de l'hydrogène vert.

EST-CE VRAIMENT ÉCOLO ?

Le problème, c'est de bien définir ce qui se cache derrière le concept d'« électricité verte ». Et pour cause, celle produite à partir de l'énergie solaire ou éolienne, par exemple, n'est pas totalement neutre en carbone. L'énergie nucléaire elle aussi est considérée comme une énergie verte par de nombreux gouvernements, ce qui signifie qu'elle pourrait permettre de produire en grande partie l'hydrogène français. Mais pour de nombreux défenseurs de l'environnement, ce n'est justement pas à proprement parler une énergie verte.

141 « Voitures, avions, vélos... les formidables promesses de l'hydrogène », Philippe Eliakim, www.capital.fr, septembre 2020
142 « L'hydrogène bas carbone : qu'est-ce que c'est ? », Denis Pessin, www.slate.fr, novembre 2019

Quand bien même l'hydrogène vert serait extrait avec une électricité propre, il faut noter qu'il reste très cher à produire, à raison de 5 euros le kilo contre 1 euro le kilo pour l'hydrogène gris. L'enjeu des investissements et recherches à venir est de faire baisser ce coût. Cela permettrait à terme de réduire l'émission de carbone de certains secteurs, notamment les transports. Les véhicules, en effet, ne rejetteraient plus de particules, ni de CO_2, mais uniquement de la vapeur d'eau. Bruno Lemaire, ministre de l'Économie, a même déclaré espérer un premier avion neutre en carbone pour 2035[143].

VOILÀ CE QU'EST L'HYDROGÈNE !

143 « L'État dévoile son plan hydrogène, "opportunité pour l'industrie et le transport" », sur www.capital.fr, septembre 2020

TECH

LE *DEEP* LEARNING

Le *deep learning*, ou « apprentissage profond », est un type d'intelligence artificielle dérivé du *machine learning* (« apprentissage automatique »). Ici, la machine est capable d'apprendre par elle-même, contrairement à la programmation où elle se contente d'exécuter à la lettre des règles prédéterminées.

COMMENT ÇA FONCTIONNE ?

Le *deep learning* s'appuie sur un réseau de neurones artificiels s'inspirant du cerveau humain. Ce réseau est composé de dizaines voire de centaines de « couches » de neurones, chacune recevant et interprétant les informations de la couche précédente. C'est sur ces algorithmes que repose le deep learning, mais aussi des technologies comme la reconnaissance d'images ou la vision robotique.

Plus le nombre de neurones est élevé, plus le réseau est « profond ». Le système apprendra par exemple à reconnaître les lettres avant de s'attaquer aux mots dans un texte, ou déterminera s'il y a un visage sur une photo avant de découvrir de quelle personne il s'agit.

RECONNAÎTRE UN VISAGE

Imaginons que le réseau de neurones soit utilisé pour reconnaître les photos qui comportent au moins un chat. Pour pouvoir y identifier l'animal, l'algorithme doit être en mesure de distinguer les différents types de chats, et de le reconnaître quel que soit l'angle sous lequel il est photographié.

Afin d'y parvenir, le réseau de neurones doit être entraîné. Pour ce faire, il est nécessaire de compiler un ensemble d'images. Cet ensemble va regrouper des milliers de photos de chats différents, mélangés à des images d'objets qui ne sont pas des chats. Ces images sont ensuite converties en données et transférées sur le réseau. Les neurones artificiels assignent un poids aux différents éléments. La couche finale de neurones va alors rassembler les différentes informations pour déduire s'il s'agit ou non d'un chat.

Le réseau de neurones va ensuite comparer cette réponse aux bonnes réponses indiquées par les humains. Si elles correspondent, le réseau garde cette réussite en mémoire et s'en servira plus tard pour reconnaître les chats. Dans le cas contraire, le réseau prend note de son erreur et ajuste le poids placé sur les différents neurones pour corriger son erreur. Le processus est répété des milliers de fois jusqu'à ce que le réseau soit capable de reconnaître un chat sur une photo en toutes circonstances.

COMMENT LE *DEEP LEARNING* EST-IL EMPLOYÉ ?

Le *deep learning* est utilisé dans de nombreux domaines : reconnaissance d'image, voiture autonome, diagnostic médical, prédictions financières… Il a donc de nombreuses utilités. C'est cette technologie qui est par exemple exploitée pour la reconnaissance faciale de Facebook, afin d'identifier automatiquement les amis sur les photos. C'est également elle qui permet à Face ID de l'iPhone de s'améliorer au fil du temps.

Pour traduire des conversations orales en temps réel, des logiciels comme Skype ou Google Traduction s'appuient aussi sur l'apprentissage automatique. Aujourd'hui, le *deep learning* est même capable de «créer» tout seul des tableaux de Van Gogh ou de Rembrandt, ou d'inventer un langage totalement nouveau pour communiquer entre deux machines.

Le professeur Peter Corke nuance : étant donné que les réseaux de neurones artificiels imitent le fonctionnement du cerveau humain, les possibilités offertes par cette technologie augmenteront à mesure que nous découvrirons les secrets de notre propre organe. En comprenant l'algorithme sur lequel il repose, et les moyens permis par l'évolution au fil du temps pour comprendre les images, l'ingénierie inversée nous permettra de porter le potentiel du cerveau humain sur les réseaux artificiels.

VOILÀ CE QU'EST LE *DEEP LEARNING* !

INDEX

CULTURE

ENVIRONNEMENT

SANTÉ

SOCIÉTÉ

TECHNOLOGIES

REMERCIEMENTS

Merci à toute l'équipe Bababam, aux auteurs et autrices Johanna Cincinatis, Jonathan Aupart, Pauline Weiss, Quentin Tenaud, Thomas Deseur et Zineb Soulaimani.

Retrouvez tous les épisodes de *Maintenant vous savez* et *Maintenant vous savez - Culture*, sur https://podcasts.ba-ba-bam.com/

Et sur les réseaux sociaux :
@bababam_audio_emotions (Instagram)
@BababamAudio (Twitter)
Bababam audio (Facebook)